童言无忌

关于儿童哲学意趣的绘本故事会

CHILDLIKE INNOCENCE

A Picture Book Storytelling Session Inspired By Children's Philosophy

张毅红 主编

上海教育出版社
SHANGHAI EDUCATIONAL
PUBLISHING HOUSE

编撰委员会

主　　任：薛　芸

副 主 任：张毅红　杜春明　陈　亮

主　　编：张毅红

副 主 编：沈美玲

撰稿人员（以姓氏笔画为序）：

沈美玲　张毅红　陈　亮　陈　瑜

陈彦旭　赵春晓　顾丹华　顾莘莘

推荐序

儿童哲学作为一个教育项目诞生于美国，迄今已经有半个多世纪的发展史。但是儿童哲学在中国却有浓厚的理智来源和智慧传统，特别是老子、庄子、孟子、朱熹、李贽等哲学家，均拥有世界级影响力的儿童哲学思想。因此在中国推广和实施儿童哲学，并不是对外来项目的简单移植与引进，而是结合中国本土的理论基础、教育情境与实践智慧进行创造性的探索，并逐渐形成具有本土特点的儿童哲学理论与实践模式。从这个意义上来说，本书能够及时总结中国公共图书馆情境下儿童哲学实施的路径与策略，在当前国内儿童哲学迅速在全社会普及的关键时期，是弥足珍贵和贡献卓著的。

儿童哲学在中国本土的实践，从场域上来说，最开始的主体是小学，直至 2008 年以后，才逐渐扩展至幼儿园。目前从全国范围来看，儿童哲学的小学群体和幼儿园群体已经遍布各省（区）市，并且形成了多个区域的研究与实践联盟以及全国性的共同体。但是儿童哲学并不仅仅是学校或幼儿园的一门课程，它也同样是一种校外的活动。事实上，国内外儿童哲学研究者存在一个基本的共识，那就是只有让儿童哲学成为社会的一种文化，才能使其真正深入人心。而要做到如此，就必须动员除学校教师以外更多的社会力量来参与。公共图书馆作为面向全社会的一个公众机构与平台，其本身就经常开展各类与阅读相关的活动，因此借助图书馆这种空间来实施儿童哲学项目，对于普及儿童哲学的教育理念，带动更多致力于阅读推广和关注阅读教育的社会人士，具有积极且重要的意义。

目前从研究的层面来说，对小学和幼儿园情境下的儿童哲学教育，已经有相当多的论文与著作涌现，但在著作方面，基于本土经验的研究成果仍然相对不足，与引进版相比比例仍不均衡；而针对校外教育的儿童哲学研究，无论是论文还是著作，则更是匮乏。当前儿童哲学的校外教育路径正在被不断开发与尝试，其场域包括青少年活动中心、图书馆、社区、绘本馆和一些夏令营、冬令营等，但尚未有著作来及时总结相关的经验，更没有著作提出有实际指导意义的设计方案与活动案例。本书不仅从理论上探讨了儿童哲学应用于公共图书馆场景的必要性与可能性，而且详细呈现了七大范畴56个不同主题的儿童哲学绘本共读与问题设计方案，展示了四大领域12个儿童哲学绘本故事会的精彩案例。这些对于未来在全国范围内推广基于公共图书馆的儿童哲学活动，必将产生极其重要的影响。

此外，儿童哲学特别重视儿童提问能力的提升和教师提问教学的设计，主张以教师（学生）之问来促学生之思。本书结合公共图书馆的教育场景以及幼儿早期阅读的核心经验，创造性地提出了儿童哲学的问题设计框架及策略，并且在实践中取得了显著的教育效果，这不仅有助于儿童哲学教育理念的进一步传播和推广，也为早期阅读教育注入了新的活力和改革的动力，并为全国其他公共图书馆开展阅读活动提供了示范和样板。

就儿童哲学项目本身而言，上海市青浦区图书馆已经走在了全国的前列，给本地和其他地区的图书馆同行树立了榜样。就是放眼全球，基于图书馆的儿童哲学探索，也属于前沿性研究范畴。我们期待上海市青浦区图书馆能够在未来产生更多卓越的理论与实践成果，在

新的起点上持续推动中国公共图书馆面向未来、面向儿童、面向现代
化的高质量发展。

高振宇

思考拉儿童哲学研究中心主任

杭州师范大学经亨颐教育学院教授

2024 年 3 月于美国普渡大学

前　言

　　随着素质教育时代的到来，儿童阅读素养的培养与提升显得尤为重要。作为衡量儿童综合素质的关键指标，阅读不仅帮助儿童获取知识，更促进他们的思维、情感和社会适应能力的发展。然而，在全球素质教育理念日益深入人心、国内教育改革步伐不断加快的背景下，面对儿童多元化、个性化的成长需求，公共图书馆传统的阅读推广方式已显不足。我们迫切需要深度结合儿童的身心发展特点，设计更为丰富多元、富有启发性的阅读活动，以更好地满足儿童的阅读需求。为此，我们站在素质教育的高度，从提升儿童阅读素养的角度出发，积极探索儿童阅读推广的创新路径，开启了长年的研究与实践探索之路。

　　在实践过程中，我们发现尽管图书馆设有专门的活动部门，但由于受到缺乏专业的儿童阅读推广人才、部门间合作机制尚不完善等多重因素的制约，儿童阅读推广活动往往呈现出服务模式单一、服务方式缺乏个性化和多样化的情况，难以满足各年龄段小读者日益增长的多元化阅读需求。为此，我馆于2014年成立了跨部门的"小青团"阅读推广核心团队，该团队由8名成员组成，并在副馆长张毅红的带领下，采用项目化团队管理模式，致力于深化儿童阅读推广服务，聚焦于解决早期阅读推广领域的核心问题。

　　学龄前阶段是儿童发展的关键期，我们精心策划并开展了以绘本故事会为主要形式的早期阅读活动，旨在通过深入的研讨与策划，为孩子们提供难忘的阅读体验。在活动设计上，我们既承袭传统之精华，又融入创新元素，通过创意暖场互动、启发式提问讨论及延伸活动，力求使每场故事会充满趣味与智慧。然而，在实践过程中，我们遭遇了一些挑战，特别是在提问讨论环节，孩子们的参与度不高，馆员在现场把控方面存在不足，这些都是我们需要正视的问题。这些挑战反映出图书馆员在儿童身心发展规律理解上尚待深化，对新时期儿童阅读推广活动价值的理解需进一步研究和解答。因此，我们亟须构建基于坚实理论支撑的专业推广路径，并付诸实践探索，以丰富的活动内容来提升活动的有效性及吸引力。

2016 年，我们与儿童哲学这一充满智慧与启迪的领域不期而遇。儿童哲学作为一种关注儿童思维发展、鼓励自我探索和同伴讨论的教育方法，与公共图书馆开放、包容且资源丰富的环境相得益彰，为我们提供了新的思路。作为社会教育的重要阵地，公共图书馆不仅为儿童提供了丰富的阅读资源，更逐渐发展成为儿童展现自我、交流思想的平台。相较于幼儿园和学校正式、结构化的阅读教学，公共图书馆更为注重儿童在阅读过程中的主体地位，其阅读活动以灵活多样的形式与学校教育形成了有益的互补。将儿童哲学融入早期阅读活动，不仅可以提升儿童的思考能力和表达能力，还有助于培养他们的创新思维和合作精神，进而激发他们的阅读兴趣，为他们未来成为终身阅读者奠定坚实的基础。自此，我们满怀激情与期待地踏上了将儿童哲学融入早期阅读活动的探索与实践之旅。

我们的探索历程经系统规划，分为路径研究、实践探索与品牌创设三个阶段。在路径研究阶段，通过深入剖析早期阅读能力培养与儿童哲学的内在联系，构建了相应的理论框架。在实践探索阶段，精心策划实施主题探究活动，实现了儿童哲学与早期阅读推广活动的深度融合。在品牌创设阶段，注重顶层设计的完善与全面布局，为后续的深入研究与实践活动打下了坚实的基础。在此过程中，我们系统研究了儿童哲学"3C"思维教育、《3—6岁儿童学习与发展指南》、前阅读核心经验等相关理论前沿，逐步构建了基于儿童哲学的绘本共读与问题设计策略，并进一步提炼出基于五大核心步骤的活动实践框架，即创设理想的活动环境、确定核心的讨论主题、精选富有思辨性的"刺激物"、设计递进式的问题对话以及动态实施团体探究。这些实践举措不仅丰富了我们的实践经验，更为我们探索出了一条具有鲜明特色的儿童哲学应用于早期阅读活动的实践路径。

本书基于上述深入探索与实践，不断挖掘儿童阅读推广的潜在价值，积极探索创新路径，力求为儿童阅读推广领域注入新的活力与思考。全书从实施路径与策略的理论支持，到"小鸡Book"儿童哲学启蒙故事会项目的案例剖析，再到绘本共读及问题设计的创新实践，呈现了一个完整且实用的活动框架。特别是绘本共读及问题设计方面，我们精选了涵盖自我认知、品格养育等七大主题的绘本资源，并设计了与幼儿日常生活紧密相关的讨论话题。依据儿童哲学"3C"思维教育目标与前阅读核心经验，我们进一步提炼出话题导入型、体会感受型以及哲学思考与生活经验型三类问题类型。这些问题设计旨在引导幼儿逐步深入思考，挖掘绘本的深层含义。同时，我们强调问题设计的灵活性和针对性，以确保每位幼儿都能在合适的思考空间中得到发展。这些创新实践均基于我们的实践经验，期望通过本书的分享，能为相关实践者提供坚实可靠的借鉴与参考。

此外，我们还详细记录了孩子们在活动中的对话过程，并在官方微信公众号"记录童言"故事会专栏中做了分享。孩子们天真无邪的童言趣语，既令人忍俊不禁又引人深思。这样的实践活动不仅有效激发了图书馆员的工作热情与职业活力，还引起了家长和学校对图书馆阅读推广工作的广泛关注与认可。家长们纷纷反馈，孩子们非常喜欢参加这样的阅读活动，因为在这里，孩子们的多元思维得到了充分释放，语言能力也得到了有效的锻炼，同时也满足了幼儿社会性发展的需求。多家幼儿园和学校也主动联系图书馆开展项目合作。这一系列实践活动在社会各界产生了良好的反响。然而，我们也清楚地意识到，将儿童哲学应用于公共图书馆的早期阅读活动仍处于探索的初级阶段，还面临着儿童读者流动性大、活动参与混龄化等诸多挑战。因此，我们有必要进一步深入研究，以期形成科学客观的质化评价体系，并建立相应的专业标准，以确保活动能够更为精准有效地推进。

琢之磨之，玉汝于成。我们精心编撰的《童言无忌——源于儿童哲学意趣的绘本故事会》不仅记录了我们与孩子们共同成长的点滴，更汇聚了我们将儿童哲学应用于早期阅读的深入思考与实践智慧。在书中，我们始终坚守"童言无忌"的原则，坚信每个孩子都是独一无二的个体，他们的声音和想法都值得被尊重、被倾听。我们希望通过本书的出版，能够激发更多人对儿童哲学应用于早期阅读活动的关注与探讨，共同推动这一领域的蓬勃发展。

在本书的编撰过程中，我们得到了多方的大力支持与深切关怀。在儿童哲学领域，我们得到了高振宇教授、沈晓敏教授、杨妍璐博士等专家学者的悉心指导。他们凭借深厚的学术底蕴与丰富的实践经验，为我们提供了专业的培训与指引，使我们在儿童哲学的探索道路上稳步前行，不断取得新的进展。此外，我们还要特别感谢韩怡华女士的引荐，正是她的热心分享，使我们得以与儿童哲学结缘，开启了这段富有挑战与收获的旅程。我们还要向周德明馆长、范并思教授表达衷心的感谢，他们的鼓励与支持是我们在儿童阅读推广领域持续深耕的重要动力。最后，在本书的出版历程中，我们衷心感激出版社的刘美文老师及全体工作人员的辛勤付出，他们确保了本书得以严谨、高标准地顺利出版。在此，我们还向所有支持和帮助过我们的人表示衷心的感谢。

在本书的编撰过程中，我们虽力求完善，但难免存在疏漏之处，敬请各位专家学者批评指正。我们深知学术之路永无止境，唯有不断汲取新知、修正谬误，方能更好地服务于儿童阅读推广事业。展望未来，我们愿与广大同仁携手共进，共同推动相关领域的研究与实践迈向新高度，为儿童阅读推广事业的繁荣发展贡献智慧与力量。

上海市青浦区图书馆

2024 年 3 月 18 日

目　录

/ 第三章 /

基于儿童哲学的绘本共读与问题设计

/ 第四章 /

"小鸡 Book"爱·智慧绘本故事会案例精选

第一章　儿童哲学应用于早期阅读
活动的实施路径研究

近年来，随着国外经典绘本的引进和本土原创绘本的崛起，越来越多家庭开始重视幼儿的早期阅读，公共图书馆早期阅读教育需求的家庭市场也越来越大，尤其是"80后""90后"家庭更加注重通过高品质的读物和活动对幼儿进行全方位教育，这就要求公共图书馆早期阅读活动必须朝着高质量、精品化、融合态等维度发力，呈现阅读活动的教育属性和社会效益。

在此背景下，公共图书馆幼儿绘本阅读活动得到快速发展，但在实践过程中，公共图书馆在早期阅读活动方面的专业理论研究和操作方法探索等还处于起步阶段，而客观需求较为迫切，随之也出现了一些相关问题。如活动选择主题绘本比较随意，活动开展以游戏化、手工化的单一形式为主，过于重视单向知识传授，以致传统的灌输教育模式惯性伴随，偏重知识掌握等常规教育方法不由自主地凸显。① 由此，绘本特有的思维启迪、心智激发等真正价值大多没能得到有效发挥。

要突破和改进这些问题，就必须明确幼儿早期阅读中到底须注重哪些方面的培养，要发展哪些促进阅读的能力，这些能力又该如何用科学有效的方法予以引导与培育，公共图书馆又该如何把握与幼儿

---

① 张毅红.儿童哲学与阅读活动融合的价值意蕴及其实现［J］.图书馆杂志，2023，42（07）：70-75.

园、学校教育场域的不同职能，等等。这些都是新形势下公共图书馆在早期阅读推广领域面临的重要课题。

第一节　幼儿早期阅读的培养目标

　　阅读是儿童认识世界的开端，阅读能力是儿童一切学习能力的核心要素。[①] 早期阅读，也叫前阅读，广义上指幼儿进入正式学习之前，一切有关语言、书面书写符号的活动；狭义上指幼儿进行的有关书面语言的阅读活动。[②]

　　早期阅读能力的培养已经成为国际及国内早期阅读研究的重要领域。美国的《0—8 岁儿童发展适宜性教育》将"促进儿童语言和读写能力发展"作为适宜儿童发展的有效性教育目标之一，并强调"给儿童读书、激发儿童讨论图书内容、为儿童提供机会对其所听到的内容做出反应都是促进儿童热爱阅读和文学的基础"[③]。英国的《早期奠基阶段教育指南》中将"沟通与语言发展"确定为幼儿主要学习与发展领域，并明确指出儿童早期读写能力的发展是该领域的一个重要方面，通过讲述故事和分享阅读，围绕高质量绘本进行讨论，将帮助儿童步入书的世界，获得认知、社会性和情感的发展。[④] 日本的《幼儿

---

① 吴念阳 . 绘本是最好的教科书：跟着儿童心理学家读绘本［M］. 北京：北京大学出版社，2015：1.

② 李星，凌泪，吴念阳 . 幼儿绘本阅读核心经验内涵及指导策略［J］. 基础教育研究，2017（13）：74-77.

③［美］卡罗尔·科普尔，休·布雷德坎普 . 0—8 岁儿童发展适宜性教育［M］. 刘焱，等，译 . 北京：中国轻工业出版社，2021：215.

④［英］约安娜·帕拉约洛戈 . 有准备的儿童：早期奠基阶段儿童的学习与发展［M］. 易凌云，等，译 . 北京：教育科学出版社，2022：372.

园教育要领》也明确提出了"努力听别人谈话或讲故事，并愿意讲述自己所经历的、所想到的""引导他们多接触画册和故事，丰富幼儿的想象力"①的语言领域发展目标。

2012年，我国教育部颁布了《3—6岁儿童学习与发展指南》(以下简称《指南》)，从健康、语言、社会、科学、艺术等五个领域描述幼儿学习与发展，其以培育良好素质基础为目标，指明了幼儿学习与发展的具体方向。②《指南》在语言领域针对早期阅读提出为幼儿"提供丰富、适宜的低幼读物，经常和幼儿一起看图书、讲故事，丰富其语言表达能力，培养阅读兴趣和良好的阅读习惯"，以及"应在生活情境和阅读活动中引导幼儿自然而然地产生对文字的兴趣"等明确要求；还给出了幼儿"阅读与书写准备"的总目标，即喜欢听故事、看图书，具有初步的阅读理解能力，具有书面表达的愿望和初步技能三个方面。③

第二节　儿童哲学与幼儿早期阅读活动的关系

从《指南》对早期阅读能力培养目标的内容来看，早期阅读并不是简单的早期识字，引导和帮助幼儿从阅读中感知获取外界信息，并通过"倾听""表达"等交流方式积累与丰富经验，从而发展思维

① ［日］余公敏子，小田豊.教育保育の原理——幼稚園保育所認定こども園の文化をはぐくむために［M］.東京：光生館，2017：51.
② 徐杰.教育学术前沿　引领实践改革——"幼儿园领域课程指导丛书"编辑侧记［N］.中国出版传媒报，2020-07-03（04）.
③ 中华人民共和国教育部.3—6岁儿童学习与发展指南［EB/OL］.2015-05-27. http://www.moe.gov.cn/jyb_xwfb/xw_zt/moe_357/jyzt_2015nztzl/xueqianjiaoyu/yaowen/202104/t20210416_526630.html.

才是最终目标。《指南》颁布后，早期教育领域周兢、刘宝根、李林慧等研究者在早期阅读培养目标基础上，又归纳提炼出幼儿阅读的核心经验，概括为"前阅读""前书写""前识字"三个方面，其中"前阅读"核心经验是幼儿在终身学习中成为一个成功的阅读者所必备的。①

一、前阅读核心经验的概念与内涵

前阅读核心经验主要指幼儿在绘本阅读过程中学习和获得的绘本阅读核心经验，具体包括"良好阅读习惯和行为的养成""阅读内容的理解和阅读策略的形成""阅读内容的表达与评判"。② 这三个核心经验，贯穿了幼儿绘本阅读从感知、理解到表达的基本过程。③ 如果幼儿在入学前注重培养学习与获得前阅读核心经验，在今后的学习过程中就会养成良好的阅读与学习习惯。

前阅读核心经验中"良好阅读习惯和行为的养成"主要是从小培养幼儿喜欢绘本、亲近绘本的态度；"阅读内容的理解和阅读策略的形成"主要是让幼儿通过倾听成人讲读文字，结合自我观察画面来了解绘本内容，并能简单地描述画面情节，还能进行合理预测与猜想；"阅读内容的表达与评判"主要鼓励幼儿能结合自己的生活经验，表达对绘本的看法，并对绘本所传递的主题进行初步思考，能说明理由。④ 这三个方面中的每个范畴又包含初始阶段、稳定阶段、拓展阶

① 周兢.促进儿童前阅读核心经验形成的教育活动与指导建议［J］.幼儿教育，2013（Z4）：13-15.
② 周兢.学前儿童语言学习与发展核心经验［M］.南京：南京师范大学出版社，2014：215.
③ 刘宝根，李林慧.早期阅读概念与图画书阅读教学［J］.学前教育研究，2013（07）：55-60.
④ 李英华.在幼儿"前阅读"中融合绘本阅读［J］.新阅读，2021（08）：23-25.

段，每个阶段都有其对应的学习与发展目标①，呈阶梯状逐步提升，与《指南》中"阅读与书写准备"的年龄分段目标相对应并做了延伸拓展。而在实践应用中，这三者既相互独立又相互融合，它们与同样关注儿童思维发展的实践派新秀"儿童哲学"有着天然的关联性，其中又以"阅读内容的表达与评判"与之关系最为直接与密切。

二、儿童哲学的概念与内涵

20 世纪 70 年代，被称为"美国儿童哲学之父"的马修·李普曼（Matthew Lipman）教授创建了以"合作思考"和"探究团体"为核心概念的"儿童哲学"（Philosophy for Children）教学法。②他认为儿童哲学的实质是强调与儿童相关的促进儿童思考能力的思维技能训练，目的在于使儿童学会自主探究事物的意义。③针对这一教育目标，李普曼经过不断实践总结出儿童哲学教学法，其多以借助对主题的团体讨论进行思维训练为主，其中儿童的语言、推理和思想起着重要的作用。

李普曼还特别强调"从阅读中获取意义"是思维训练的重要内容，他认为阅读和思维是互相依存与作用的，帮助儿童思考也就是帮助了他们阅读。他还指出对儿童阅读能力的关注并不是注重细微末节，阅读的动机才是最重要的，而儿童阅读最合理的动机就是获取与生活相关的启示意义。④需要注意的是，作为一种极具哲学智慧的创

---

① 刘宝根，高晓妹.儿童前阅读核心经验及其发展阶段［J］.幼儿教育，2013（Z4）：10–12.

② ［加拿大］乔治·贾诺塔基斯.与马修·李普曼的对话：论儿童哲学与智慧教育［M］.高振宇，译.桂林：广西师范大学出版社，2023：9.

③ ［美］M.李普曼.教室里的哲学［M］.张爱琳，张爱维，译.太原：山西教育出版社，1997：12，18.

④ 同上。

新教学法，儿童哲学并没有固定的教学模式，其核心就是尊重儿童，倡导成人与儿童的平等对话，反对生硬的灌输式教育，并强调儿童哲学教育应该在一种和谐、关爱的教育环境中去寻觅、去实践①，饱含着对儿童的好奇心、探索欲、自由创造性和思维发展性的教育深情与温暖。

李普曼创建的儿童哲学至今走过了半个多世纪的历程，在全球50多个国家被采纳和实践。②儿童哲学因其特有的跨学科融合性，在世界范围的发展呈现多元路径，并且有许多实践者选择以"自由、平等、开放"为服务宗旨的公共图书馆作为当地开展儿童哲学活动的教育基地③，让孩子们通过阅读交流、合作思考，促进其自我反思、自主学习，为我们找到了一条走向未来儿童阅读推广的新路径。

三、儿童哲学应用于早期阅读活动的价值

儿童哲学应用于早期阅读活动对于幼儿的全面发展和素质教育都具有重要的意义。儿童哲学应用于早期阅读活动既关注到了幼儿"好奇"的哲学天性，更好地保护了其阅读的探索之心，更重要的是通过"合作思考"，能更好地激发幼儿的阅读兴趣，促进幼儿前阅读核心经验的形成。同时，儿童哲学应用于早期阅读活动也丰富了公共图书馆阅读推广的实践样态。

（一）观照幼儿探索世界的好奇心

儿童的阅读起源于"好奇"和"困惑"，起源于"我想知道"，儿

---

① 杨昱，高振宇.儿童哲学视野下幼儿园环境创设的现状分析与实践策略［J］.福建教育，2021（20）：22-26.

② 庞学光.相信儿童"爱智慧"的能力——对儿童哲学教育之可能性的论证［J］.天津市教科院学报，2014（02）：5-9.

③ 高振宇.儿童阅读与哲学研究［J］.清阅朴读，2019（06）：48-55.

童是天生的哲学家，儿童哲学关注的即是儿童灵魂的丰富和思维的发展，这与《指南》中幼儿早期阅读发展思维的培育目标不谋而合。同时，学前阶段相比其他学段是实施儿童哲学更有效的时期。从 2-3 岁开始，随着语言的发展，儿童的哲学思考能力会进入迅猛发展的阶段，该阶段对生命的认知和情感体验会影响其一生的发展。因此，图书馆从儿童幼儿时期就开始对其予以关注，把儿童探索世界的"大问题"融入早期阅读活动，一方面让儿童的阅读有了更明确的探究方向，同时也让儿童的好奇与问题有了生成土壤。[1]

（二）促进幼儿前阅读核心经验的形成

大量研究成果表明，儿童哲学不仅对幼儿的倾听技能、阅读理解、语言表达能力等方面具有一定的促进作用[2]，还能促进幼儿批判性思维、创造性思维、关怀性思维的发展[3]，其教学理念与方法是促进幼儿前阅读核心经验形成的有效抓手。相较于传统儿童观认为的儿童只有对成人的依附关系，不能充分表达自己的想法与观点，以尊重儿童"天生好奇"的哲学天性为出发点的儿童哲学则能满足儿童的好奇心与求知欲[4]，让儿童在安全、平等和友爱的氛围中更专注地阅读、倾听与思考，从而更好地理解阅读内容，形成阅读策略与独立见解，最终能勇敢地表达。同时，通过体验团体探究带来的"思维乐趣"，

---

[1] 万新.儿童哲学阅读校本课程开发的实践研究［C.］//江苏省教育厅.2015年江苏省小学深化课堂教学改革现场观摩研讨活动论文集.江苏省教育厅：江苏省教育学会，2015：4.

[2] 倪凯歌.儿童哲学课程融入幼儿园：可能性、策略与评价［J］.陕西学前师范学院学报，2023，39（06）：26-37.

[3] S. Trickey，K. J. Topping. "Philosophy for Children": A Systematic Review. Research Papersin Education［J］. 2004. 19（3）: 365-380.

[4] 王文文.尊重儿童的天性——儿童哲学教育的出发点［J］.基础教育研究，2011（13）：54-55.

还能更好地激发儿童的阅读兴趣，发展阅读动机，增加其主动探索更多书籍的意愿，这些都将对幼儿前阅读核心经验的形成产生非常重要的促进作用。

（三）丰富早期阅读活动实践样态

长期以来，公共图书馆儿童早期阅读活动以开展手工化、游戏化的故事会形式为主，活动内容较为单一，且这种"阅读+"的模式还不够成熟。尤其在"双减"政策实施后，将早期阅读培养目标和儿童哲学相结合应用到阅读活动是响应国家号召、满足日益增长的社会需求的实践样态。这里需要注意的是，公共图书馆属于社会教育场域，其故事会等阅读活动有别于学校的阅读教学。幼儿园、学校的阅读教学注重"学习阅读、阅读学习"，而公共图书馆作为社会教育场域，为儿童提供了一个开放、包容并且资源丰富的环境，其阅读活动更强调灵活性、多样性和社区参与，更注重儿童为主体的"同伴阅读、阅读交流"[1]，其与学校更为正式和结构化的阅读教学正好形成互补关系。与之对应的是，儿童哲学鼓励儿童尤其是学前儿童独自参与同伴讨论，其出发点是为了不在成人先见的干扰下，为儿童提供一个可以真实表达想法、呵护其好奇心的交流平台，并满足儿童社会性发展的心理需求，其教育理念与公共图书馆社会教育场域非常契合。

第三节　儿童哲学应用于早期阅读活动的实施路径

儿童哲学教育具有跨学科性，儿童阅读推广具有综合性，如果我们能在阅读推广工作中将早期教育领域的阅读培养目标和儿童哲学教

---

[1] 孙莉莉.打开绘本看课程［M］.北京：中国轻工业出版社，2023：55.

学法有机结合，确立幼儿的主体地位，激发幼儿的探究与创造，学习借鉴儿童哲学的理念、方法，以系统和全面的融合思路来开展早期阅读活动，将使得公共图书馆的早期阅读活动更具有专业性、科学性与整体性。

一、创设儿童哲学视域下的活动环境

绘本以"图文合奏"来呈现哲学问题的方式，能成功吸引幼儿自然而然地开展生机勃勃的对话，为促成儿童哲学讨论开辟了一种新的方式。[①] 首先，公共图书馆有着丰富的绘本资源，在为幼儿选择适合讨论的"刺激物"上有着天然优势；在活动空间布置上，充满童趣的图书空间也会为活动增添更多亲和力和丰富性。其次，一般而言，儿童哲学讨论理想的团体人数应是 12—16 人，这样既能保证每位成员有机会参与，又能给出更为广泛的观点促成讨论进行，因此建议将活动安排在小型独立空间举行。此外，儿童哲学讨论过程是成员语言、动作、表情等的交流过程，因此座位安排应便于成员间互相观察，理想的座位排列方式是圆形、U 字形等。[②] 需要注意的是，幼儿讨论时，包含馆员在内的每位成员的发言权和守则义务都是平等的，体现了"圆桌式讨论活动"平等交流、意见开放的原则。

二、以儿童为中心引发早期阅读活动

作为一种团体探究性的学习方法，儿童哲学倡导"以儿童为中心"的理念，立足儿童视角。[③] 在这样的活动中，成人不再是传统的

---

① ［美］托马斯·E.沃顿伯格.小孩童，大观念：基于绘本的儿童哲学教育［M］.柯婷，韦彩云，译.桂林：广西师范大学出版社，2022：24.

② 吉萍.儿童哲学课程实施个案研究［D］.桂林：广西师范大学，2015：21.

③ 罗兴刚，刘鹤丹.李普曼儿童哲学教育的奠基性反思［J］.外国教育研究，2012，39（10）：26-34.

知识传授者，而是精彩观念的催生者和见证者，儿童与成人是平等对话的讨论伙伴。这就要求在阅读活动中，馆员要真正将幼儿视为自主发展的主体，充分尊重每位幼儿的个性特征，保证幼儿"现场主体"的活动体验①，进而引发多样化的早期阅读活动。

（一）基于幼儿兴趣的早期阅读活动创生

越来越多的研究表明，兴趣与心情愉悦等情绪感受密切相关，是支持学习者积极参与学习活动的重要因素，对于情绪发展关键期的幼儿更是如此。②公共图书馆应以唤起幼儿阅读兴趣作为阅读推广的出发点③，这对于应用儿童哲学的早期阅读活动也尤为重要。我们可以通过日常关注幼儿的阅读喜好、小伙伴间的交流话题等各种方式捕捉到幼儿有代表性的兴趣并给予响应和保护。另一方面，早期阅读活动也可利用多种形式激发幼儿兴趣，如通过精选富有趣味性和哲思性的绘本、设计契合主题的热场小游戏与延伸活动、打造绘本故事情境、呈现新奇的或矛盾的"问题"等，从兴趣出发充分调动幼儿阅读交流的表达欲望，最终促进其在发现和发掘出图文秘密的成就感中获得经验与发展。

（二）基于生活体验的早期阅读活动创生

幼儿对生活的体验是他们认识世界的直接途径，充满好奇心的提问就是他们对现实生活真实体验的表达和思考的呈现。④将儿童哲学

---

① 郑文.儿童哲学视域下幼儿园生命教育活动的路径研究[J].华夏教师，2023（06）：37-39.

② 刘楷丹，叶平枝.和合之境：幼儿园课程审议的价值取向[J].教育导刊，2022（06）：78-87.

③ 施衍如，文杰.大英图书馆学前儿童阅读推广实践与启示[J].图书馆工作与研究，2021（06）：49-54.

④ 任强，朱佳蕊.儿童哲学与学科课程融合的教育价值及其实现[J].湖州师范学院学报，2021，43（09）：40-46.

教学法应用于早期阅读活动，除了要敏锐地捕捉幼儿的兴趣，还要观照他们对现实生活的体验。应用儿童哲学开展早期阅读活动的目的之一就是引导幼儿发掘自己的生活经验并和别人分享。我们需要多去思考，如何将幼儿丰富的生活认识进行有效引导并应用于讨论，从幼儿已有的经验出发，呵护幼儿的好奇心，激发幼儿对自我、对他人和对世界的好奇与思辨，引导他们不断追问真相、探寻真知。当我们能结合幼儿的兴趣并从生活体验视角来看待阅读活动时，就可以创生出富有爱与智慧的早期阅读活动。

三、以探究团体模式实施早期阅读活动

儿童哲学的主要活动组织形式是建立探究团体，是指遵循一定程序，以团体对话的讨论形式合作完成，以达到"共同思考"的目的。[①] 这种团体探究的核心特征是提问和对话，我们把儿童哲学的团体探究应用于早期阅读活动，可将其具化为"阅读、提问、讨论"三个基础环节，再结合实际情况开展不同的探究团体模式活动。

（一）以馆员为主导的探究团体模式

在馆员主导的探究团体模式中，幼儿不再是被动地接受一些知识或道理，而是通过阅读与思考，尝试理解故事内容，在馆员提出的一个个问题的激发下，自信清晰地用语言来表达他们的想法。在活动开展之前，馆员应设计好与绘本人物或场景相关的常识性问题、结合绘本内容的开放式问题以及连接生活的哲学启蒙问题等来激发幼儿思考与表达。需要注意的是，儿童哲学是以动态方式开展的教育活动，这些设计好的问题并非必须严格遵照执行的标准化程序，我们精心设计

---

① 潘小慧，余孟孟.儿童哲学：让儿童成为良好的思考者——台湾辅仁大学潘小慧教授访谈［J］.新课程评论，2021（01）：13-19.

问题的最终目的是培养幼儿自己发现问题、提出问题的兴趣和能力。因此，馆员要时刻敏锐地捕捉幼儿现场的反应，随时要准备好将"主导问题"的权利移交给幼儿，并做到"少说多听"，多鼓励幼儿积极分享观点、贡献智慧。

（二）幼儿自主形成的探究团体模式

幼儿的天性使他们对周围的世界充满好奇与探究的热情，自然而然地会形成讨论的氛围，尤其在成员间比较熟悉的团体中更容易形成自主型的探究团体。美国学前教育专家薇薇安（Vivian Gussin Paley）在其工作的幼儿园与孩子们就进行了长达一年的"李欧·李奥尼图画书共读年"活动，她作为一位协助者和观察者，记录下了孩子们自己引领的读书会讨论全过程，最终得出这样一个结论："孩子本就知道如何思考'哲学'问题，我们要做的只不过是将合适的内容提供给他们，让他们有机会展示或整合自己的天赋。"[1] 当然，这种幼儿自主形成的探究团体并非全都任其自由发展，成人也要发挥相应的作用，如提供阅读资源、布置现场环境、确保讨论不跑题[2] 等，做好"有协助能力的大人"的角色[3]，使幼儿能在自由愉悦的情绪中体会阅读交流的乐趣。

---

[1] [美]薇薇安·嘉辛·佩利.共读绘本的一年 [M].枣泥，译.北京：北京联合出版公司，2018：3.

[2] [英]贝瑞斯·高特，莫拉格·高特.学哲学的孩子更聪明：儿童哲学启蒙实践指南 [M].刘笑非，译.北京：人民邮电出版社，2019：2.

[3] [英]艾登·钱伯斯.打造儿童阅读环境 [M].许慧贞，译.北京：北京联合出版公司，2016：14.

第四节　结　语

公共图书馆早期阅读服务，不应仅仅满足于提供绘本和亲子共读，还应着眼于对儿童阅读整个过程的关注。^①在早期阅读活动实践中，应用儿童哲学探究团体模式，通过对话的探究讨论方法，鼓励幼儿发散思维、自信地表达、学会倾听并合作思考，将积极促进其思维能力、创造能力和社交能力的提升，不仅能帮助幼儿更好地发展前阅读核心经验，这些能力还会逐步内化为更多的智慧，助力其未来成为一名成功的终身阅读者和学习者。目前，儿童哲学应用于早期阅读活动尚在起步阶段，还需要更多的研究和探索，在跨界融合的学习中，让我们追随儿童的脚步，探索开发更多满足儿童多元发展需求的阅读推广项目，让公共图书馆真正成为促进自主探究、自然生长、终身学习的智慧殿堂。

① 申艺苑，袁曦临.基于多元智能发展的儿童绘本阅读启蒙研究［J］.图书馆学研究，
2021（10）：63-69.

第二章　儿童哲学应用于早期阅读
　　活动的实践探索

　　在提倡素质教育的今天，学校教育、家庭教育不再是成人全权掌控下的、经验型的、灌输式的传统教育，而是以儿童主体性教育理念为指导，促进儿童全面发展的现代教育。儿童主体性教育的一个重要方面就是体现创造性，只有在充分自由的环境下，儿童根据自己的兴趣和需要去探索、去收集信息，获得个性化的发展①，这才是素质教育对激发儿童自主成长最大的支持。公共图书馆作为社会教育场域，其阅读活动相较于幼儿园、学校更为正式的阅读教学，更应注重儿童阅读的主体性。我们应从了解儿童的兴趣、特点和需要出发，结合多样化的手段，搭建起以儿童为主体的多元化的阅读交流平台，探索出一条能真正释放儿童天性，激发其阅读和探究欲望的阅读推广新路径。

　　近年来，上海市青浦区图书馆通过对故事会、读书会等过往成功案例的分析，结合学习当代社会的科研前沿成果，深耕各年龄段儿童的阅读服务，让馆员的认知层面不断更新。特别是在学龄前儿童阅读推广方面，我们做了一些探索和实践，并在多年的实践和发展中，总结了一条面向学龄前儿童的阅读推广新路径，期望能为其他公共图书馆或相关机构提供一些有益的启示和借鉴，共同推动早期阅读推广事

————————————

① 喻秋.孩子是太阳——浅谈儿童主体性教育［J］.亚太教育，2016（25）：3-4.

业的高质量发展。

第一节　图书馆员在早期阅读活动中面临的问题

2007 年，青浦区图书馆新馆落成开放，阅读推广工作也步入新的发展阶段。我们在长期开展的儿童阅读推广活动中发现，尽管图书馆设有活动部门，但由于人员编制的限制，阅读推广活动服务模式比较单一，缺乏个性化和多样化的服务方式，无法满足不同用户的需求；同时，还存在资源利用不充分、缺乏有效的评估和反馈机制等问题，影响服务质量和用户体验。这种模式不可避免地限制了阅读推广活动的规模和影响力，并导致活动的策划和执行缺乏专业性和系统性。尤其是在儿童阅读推广方面，虽然"儿童阅读推广优先"已经是很多公共图书馆的共识，但行业内儿童阅读研究和专业实践还亟待重视，尤其是儿童阅读相关学科的研究需要更加系统和深入，以增加专业实践的适用性和导向性。

为进一步增强儿童阅读推广的专业度，我馆积极探索阅读推广新路径，于 2014 年成立了"小青团"阅读推广核心团队，采用项目化团队管理模式，进行早期阅读推广领域的重点攻关。团队成员通过自愿报名的方式面向全馆招募，吸引了 8 位热爱儿童阅读推广事业的馆员。其中，1 名业务副馆长担任团队业务指导，其他 7 名组员则来自不同的部门，包括少儿部、阅读推广中心、信息资源中心、总服务台、办公室等。这种跨部门的团队组成打破了部门与部门之间、图书馆与外部资源之间的界限，真正实现了合作、交流与共享。在核心团队的引领下，我们成功地调动馆内外资源，积极开展以故事会为主的早期阅读推广活动，并提供一系列配套服务，如编撰导读手册、设立线下专架、举办相关展览、多维渠道宣传、加强馆校合作等，形成了一个完整的阅读推广生态体系。

在每场故事会活动前，团队都会进行集体研讨。在活动设计上，我们借鉴了传统故事会的开展流程，包括暖场互动、绘本共读、提问讨论和延伸活动等环节。活动结束后，再进行复盘、总结，以期不断地提升与优化活动质量。然而，在实践过程中还是遇到了各种问题和挑战，尤其是提问讨论环节的问题最为突出，表1是从推广理念、参与馆员、活动设计、现场表现四个维度进行的剖析总结。

表 1　活动开展过程中出现的问题及具体表现

表现主体	相关问题	具 体 表 现
推广理念	① 传统观念根植	在活动现场，幼儿的独立人格和权利有时会被忽视，尤其是对话环节，倾向于要求幼儿服从成人的意愿，而非鼓励他们勇敢地表达自己独特的观点和需求，限制了幼儿的创造力、独立思考和创新能力。这反映出当前实践仍受传统儿童观的束缚，未能充分采纳现代儿童观的核心理念
	② 缺乏理论探索	长期专注于"以活动为中心"的推广模式，过于追求活动的社会声势和即期效应，缺乏基于幼儿学习活动特性等范畴的理论探索，难以完全适应幼儿的真正阅读需求
	③ 活动目标模糊	理论研究的滞后性，导致早期阅读教育活动的目标相对模糊，尤其是作为社会教育场域与学校教育场域的职能定位不清晰，没有凸显公共图书馆社会教育场域的特有职能
参与馆员	④ 专业水平不足	馆员具备图书馆学学科背景，其强项在于绘本的优选推荐，在开展幼儿故事会方面专业水平略显不足。尤其与由教师、出版人等志愿者组成的社会公益组织相比，在儿童心理学、教育经验等方面均存在差距，在社会影响力方面也不具备竞争优势
	⑤ 习惯思维伴随	馆员在故事会中的定位为主导者，有时会倾向于引导幼儿朝着自己预设的答案靠近，未能敏感地捕捉到幼儿的精彩观点和想法，这在一定程度上反映出传统灌输教育模式的痕迹，缺乏对幼儿自主思考和表达的足够重视
活动设计	⑥ 问题策略受限	在提问讨论板块设计上，多数馆员根据自己的生活经验构建问题，这导致了不同馆员间存在差异性。而且，这种设计缺乏对幼儿生活经验和兴趣点的充分考虑，以至于绘本所具有的思维启迪和心智激发功能也未能得以充分发挥

表现主体	相关问题	具　体　表　现
现场表现	⑦ 互动流程僵化	导读者在提问时过于固守预设的问题和流程，缺乏必要的灵活性和变通能力。这种做法未能充分顾及幼儿的即时反应和兴趣点，导致提问策略与幼儿的实际需求之间产生了明显的脱节，进而可能阻碍真实对话和互动，使故事会失去原有的启发性和趣味性
	⑧ 忽视寡言幼儿	由于时间、场地等因素的限制，很难全面照顾到所有的幼儿，这可能会导致部分发言较少的幼儿被忽视，无法充分参与到活动中来
	⑨ 父母干预答案	在家长在场的情况下，个别幼儿可能会因为顾虑家长的看法而影响自己的回答，这可能会限制幼儿自由表达自己的观点和思考，从而影响阅读推广活动的深入开展
	⑩ 现场把控不力	在幼儿出现意见相左或争执的场面时，一些馆员不知道该如何干预，没有对幼儿认真倾听、平等表达的引导策略，急于平息争执，也错过了可能迸发的精彩观点

这些在实践中面临的问题，客观地反映了当前图书馆员在儿童身心发展规律方面的认识尚待深化，在新时期儿童阅读推广活动的价值理解上还需要认真研究和科学解答，儿童阅读推广工作的深化还须开辟新思路，探索新颖方法，形成科学规范，在科学理论的指引下，丰富活动内容，提高活动的有效性和吸引力。

第二节　从儿童哲学视角分析问题，提出优化方案

为有效应对实践环节的这些挑战，团队亟须构建具有坚实理论支撑的专业推广路径，并付诸应用探索。通过学习借鉴和深入研究，我们决定启动将儿童哲学应用于早期阅读活动的阅读推广新计划。经过反复的实践验证和持续改进，明确了这一路径的实际性和可行性。相关理论研究成果已在第一章中进行了详尽阐述。基于这些成果，我们进一步确立了儿童哲学应用于青浦区图书馆早期阅读活动的实施路径。

鉴于此，我们对表 1 中列出的相关问题进行了系统性的优化，见表 2。

表 2　相关问题的优化方案

表现主体	相关问题	优　化　方　案
推广理念	① 传统观念根植	馆员应以儿童哲学"儿童本位"的理念为核心视角，将传统的儿童观转变为注重激发好奇心、创造力和批判性思维的现代儿童观，尊重儿童的个性、兴趣和需求，将儿童视为自主发展的主体，鼓励他们积极探索世界、发展自己的潜能
	② 缺乏理论探索	深入研究早期教育领域的阅读培养目标，尤其是前阅读核心经验的内在机制，将其与儿童哲学教学法有机结合，探索应用儿童哲学探究团体模式，通过对话的探究讨论方法，促进幼儿更好地发展早期阅读能力的路径与方法
	③ 活动目标模糊	厘清公共图书馆作为社会教育场域，在早期阅读教育领域与学校教育场域的不同职能。公共图书馆阅读活动强调灵活性、多样性和社区参与，相较于幼儿园和学校更为正式和结构化的阅读教学，更应注重儿童的主体性，两者正好形成互补关系。因此，公共图书馆儿童阅读活动应从儿童的兴趣和需求出发，结合多样化手段，搭建以儿童为主的多元交流平台，激发其阅读和探究欲望
参与馆员	④ 专业水平不足	主动寻求馆员角色的转型与能力升级，自 2017 年起，每年承办上海市图书馆学会儿童阅读推广人培育项目，重点加强儿童哲学、学前教育等综合课程的专题培训与实操训练。同时，以"小青团"核心团队为引领，梳理社会不同领域中涉及幼儿启蒙等特征的学科知识或工作原理，提升基础专业知识层级和范围，深入推动儿童阅读推广人队伍向专业化、正规化方向发展
	⑤ 习惯思维伴随	馆员应由主导者转为支持者和倾听者，营造开放安全的环境，激发幼儿好奇心和探究欲。同时，遵循儿童的发展规律，采取与儿童天性相契合的行动策略，借鉴诸如儿童哲学"对话教学"等新型理论或案例经验，探索出新时期儿童阅读推广活动的规范模式
活动设计	⑥ 问题策略受限	团队遵循的核心原则是追随和支持幼儿，并与他们进行有意义的互动。通过融合前阅读核心经验与儿童哲学的思维培育目标，聚焦于与主题紧密相关的讨论话题，精心设计基于幼儿兴趣与生活经验的提问，创设合理的阶梯和空间①，激发他们的探索欲望，进而帮助他们实现进一步成长

---

① 刘晓东.儿童文化与儿童教育［M］.北京：教育科学出版社，2006：78.

（续表）

表现主体	相关问题	优 化 方 案
现场表现	⑦ 互动流程僵化	馆员应转变提问观念，将幼儿视为对话的主体，充分尊重并响应他们的即时反馈和兴趣所在。同时，提升自身的灵活应变能力，以便能够根据幼儿的实时反应和需求，灵活地调整提问策略，从而确保提问内容与幼儿的实际需求紧密相连，进而促进幼儿积极思考、自由表达，实现真正意义上的对话与互动
	⑧ 忽视寡言幼儿	为幼儿创设安全的、有动力的、受欢迎的环境，如设立童趣的活动空间、控制参与人数、策划趣味横生的暖场活动等。在这样的环境中，幼儿可以轻松表达他们的好奇心，分享他们的意见和感受，进而自由地交流彼此的观点。同时，倡导平等参与，确保每个幼儿都有机会在讨论中发言，并鼓励那些较为害羞或不自信的幼儿勇敢地分享自己的观点
	⑨ 父母干预答案	为确保活动现场幼儿在讨论环节能充分表达和交流观点，在活动现场附近为家长另设等候区。待活动结束后，还会推荐相关主题绘本，并在图书馆微信平台推出"记录童言"栏目，对活动中的精彩瞬间和幼儿的对话进行回顾和分享，让家长更加了解幼儿的思考和成长
	⑩ 现场把控不力	在活动开始前，需要与幼儿共同设立对话规则，比如不得随意打断他人发言，强调讨论过程中没有对错，让幼儿学会尊重他人的观点，等等。同时，在对话过程中，馆员还需要通过适时的回应，确保每位幼儿都能清晰地表达自己的想法，并能激发幼儿追问和反思。另外，馆员还需要具备适时引导的能力，确保幼儿在讨论时不偏离主题，对幼儿的观点给予及时反馈，并在现场总结时梳理整个讨论的探究过程等

　　通过以上一系列的优化措施，我们深刻认识到儿童哲学与早期阅读之间的紧密联系，并逐渐验证了其协同效应的优越性，这种融合也使青浦区图书馆的儿童阅读推广工作更加契合新时期公共图书馆智慧、开放、包容、共享的服务理念。基于这些实践经验，我们进一步探索并总结出了一套科学的阅读推广策略，成功地将其应用于实际工作中。接下来，我们以上海市青浦区图书馆的幼儿故事会项目为例，分享儿童哲学应用于早期阅读活动的具体实践。

第三节 "小鸡 Book"儿童哲学启蒙故事会活动实践

历经多年的探索与实践，上海市青浦区图书馆于 2019 年推出了"小鸡 Book"儿童哲学启蒙故事会品牌项目。项目历经移植学习、自主开发、全面实施、拓展整合、辐射推广五个阶段，目前广泛应用于图书馆、社区、商圈等场所。

一、项目设计思路

"小鸡 Book"暗含"小鸡破壳"，是以确立幼儿主体地位，激发其好奇心与探索欲为切入点，将早期教育领域的阅读培养目标和儿童哲学教学法有机结合来开展早期阅读活动的品牌项目。为提升品牌辨识度，我们还创设了"小鸡 Book"品牌标识卡通形象，并注册了品牌商标（见图 1）。该品牌活动以促进幼儿更好地发展前阅读核心经验为导向，强调在阅读与交流中锻炼幼儿的自主思维能力，是一项把绘本和儿童哲学问题相融合的探究型早期阅读活动。

图 1 "小鸡 Book"品牌标识

二、项目实践探索

我们遵循五大核心步骤，系统策划儿童阅读活动。首先，打造安全、包容且富有趣味性的环境，为开放式讨论奠定基础。其次，精选优质书目，激发儿童的探索欲望与思辨能力。接着，经过多维考量，确定引人入胜的讨论主题。然后，通过丰富的暖场与延伸活动，深化儿童的阅读体验。最后，以专业馆员为主导，开展团体探究，推动儿童深度思考与交流。这五个步骤环环相扣，相互增强，共同构建起了儿童阅读活动稳固且高效的实践框架。

（一）童心"铺陈"，创设活动环境

我们为故事会专设了可容纳 15 人左右的小型活动房间，室内墙面和屋顶都有馆员精心手绘的绘本插画元素，四周还布置了放置活动主题图书和玩偶的小书架，为幼儿营造了充满童趣的图书环境。房间地面配有舒适的大地垫，可灵活实现活动中各环节的不同需求。如共读环节，幼儿将共同面向馆员或绘本围坐共读；到了讨论环节，可变化为圆形或 U 形队列，形成一个对话网，方便进行讨论。在活动现场，我们配备有足够的馆员力量，包括主要馆员、辅助馆员和记录馆员。主要馆员作为幼儿现场共读与讨论的促进者、协助者，主要负责策划每场活动的讨论主题、绘本选择与问题设计，并具体落实涉及现场活动全过程的每一个实施步骤；记录馆员则负责记录下现场讨论环节的全程对话，捕捉幼儿的原始思维和观察他们观念的演变过程；辅助馆员主要负责维护活动现场的秩序、拍照和提供其他必要的支持。

（二）精选书目，提供思辨"刺激物"

青浦区图书馆特设有经典图画书主题馆，馆藏有国际安徒生奖（插画家奖）、美国凯迪克奖、英国凯特·格林纳威奖、日本绘本奖、丰子恺儿童图画书奖、陈伯吹国际儿童文学奖、信谊图画书奖、信谊幼儿文学奖等国内外大奖绘本，并收录了获奖者的代表作品。故事会活动用书以该主题馆的经典绘本为主要来源，这些经典绘本兼具思想性和审美价值，构思巧妙的图文合奏与蕴藏哲思的故事内核是激发幼儿讨论、拓宽认知、发展思维的最佳"刺激物"。如自然万象主题

《让路给小鸭子》曾获 1942 年美国凯迪克金奖、社会关系主题《团圆》获得首届丰子恺儿童图画书奖首奖等。除此之外,团队也注重在实践中寻找能引发哲学探究和对话的优秀绘本。

为了建立丰富的绘本资源库,我们在馆内经典图画书主题馆的基础上,综合考虑幼儿的年龄和认知水平、故事主题的教育性和启发性、绘本图文的趣味性和吸引力,通过对比阅读,与幼儿兴趣、生活经验和阅读能力等因素进行匹配遴选,采用滚雪球的方式逐步积累了一批具有哲思性和启发性的绘本。这种方式既保证了素材的质量,也使得资源库持续扩充与更新,为幼儿的哲学探究活动注入源源不断的活力。在此基础上,我们系统梳理了自我认知、品格养育、思维拓展、心灵疗愈、生命意义、社会关系和自然万象七大板块,这些板块紧贴幼儿的生活,既符合幼儿的发展特点,又能有效促进他们的思维、品格和情感的综合发展。

——自我认知:这类绘本中的故事情节和图画可以帮助幼儿更好地认识自己、理解自己,培养其对内在世界的感知。如《我喜欢自己》中能量满满的猪小妹引导孩子树立积极的自我形象和自信心,促进其独立思考和自我意识的启蒙。

——品格养育:这类绘本通过生动的故事情节和深刻的寓意,向幼儿传递积极向上的价值观和人生观念。如《勇气》通过采撷生活中一个个小小的勇气片段,激发孩子用源源不断的勇气面对未知的下一刻。这些积极的价值观和观念将激发幼儿对道德品质的自主思考,塑造其正向的价值观,为他们的未来发展奠定坚实的基础。

——思维拓展:这类绘本通常具有丰富的插图和不落窠臼的故事情节,往往会营造出一种脑洞大开或者迷失、矛盾的意境。如《先有蛋》就是关注人们长期争论不休、一直没有明确答案的问题,这将极大地激发幼儿在团体探究中共同创造意义、建构知识、放飞想象。

——心灵疗愈：通过阅读这类绘本，幼儿可以更好地理解和表达自己的情绪，比如愤怒、悲伤、害怕等。如《生气王子》就直接面对孩子的生气情绪，帮助孩子认识到自己的情绪并找到适当的方式来表达和处理。这样的绘本可以帮助幼儿消解一部分的情绪和压力，实现自我接纳。

——生命意义：这类绘本可以帮助幼儿建立对生命的基本认识，引领其对生命意义的哲学思考，探寻生命的真谛与价值。如《花婆婆》通过花婆婆一生追寻和传播美丽的爱的故事，为孩子展示了人生的价值和意义，是一本能带给孩子方向的绘本。

——社会关系：这类绘本对幼儿的社会关系有多方面的影响和作用，包括帮助其理解社会角色与社会规则，培养其合作精神与同理心，发展关爱品质等。如《公鸡的新邻居》通过体会公鸡"想要交新朋友"的心情，培养孩子积极乐观的伙伴关系。

——自然万象：这类绘本通过精美的插图和生动的文字，帮助幼儿系统性地认识世界，提升对自然美的感知能力，培养环保意识和责任感，从而让他们更加热爱和珍惜大自然。如《小房子》的作者通过一座会呼吸、有情感的小房子的视角，讲述了一个美丽中弥漫着悲伤的故事，启迪孩子思考关于城市建设与自然和谐共生的议题，培养他们对自然生命的敬畏和尊重。

当然，目前所提出的板块分类和书目选择仅为学龄前幼儿阅读活动的一部分，尚未全面涵盖他们发展的各个方面。鉴于每个幼儿的发展速度和兴趣点存在差异，我们也诚挚邀请社会各界、教育机构和家庭共同参与，不断补充、调整和完善主题内容，以更全面地满足幼儿在不同成长阶段的需求。

（三）多维考量，确定讨论主题

在七大板块书目系统积累的基础上，每个板块我们将精选的绘本再结合相关讨论主题开展故事会探究活动。我们的目标不仅在于向幼儿提供高质量的阅读素材，更在于通过构建一个集阅读、讨论与分享于一体的平台，使幼儿能在深入阅读的过程中认真倾听、勇敢表达观点、进行思想碰撞，从而发现阅读更广袤的魅力，为成为终身阅读者播下美好的种子。书目板块下的讨论主题紧扣前阅读核心经验目标，从以下三个维度出发：一是对应"良好阅读习惯和行为的养成"的"感知"维度，考量是否能吸引幼儿的阅读与讨论兴趣；二是对应"阅读内容的理解和阅读策略的形成"的"理解"维度，考量是否能与幼儿的生活经验形成联结；三是对应"阅读内容的表达与评判"的"表达"维度，考量是否适合开展较为深入的团体探究活动。

例如，"社会关系"板块，选用了绘本《公鸡的新邻居》作为讨论载体，开展讨论主题为"如何结交朋友？"的故事会活动。其以幼儿在生活中结交新朋友为题材，生动讲述了一只公鸡与新邻居猫头鹰之间的交往过程。由于两者生活习性的差异，引发了公鸡从有新邻居搬来时的高兴与期待、收到新邻居回信时的兴奋、新邻居未按时出现时的失落与困惑，再到自我安慰与调节、终于见到猫头鹰时的了然与惊喜等一连串的心理变化。这种深入探索角色内心的写法，使得故事情节充满悬念和戏剧张力，能够极大地激发幼儿的好奇心和探究欲。同时，结交朋友的主题与幼儿的生活紧密相连，他们正在逐渐拓展自己的社交圈子，开始学习与他人建立友谊。生活中他们所经历的交朋友的经验将有助于他们较好地理解故事内容。而关于如何结交朋友的讨论也很适合开展团体探究活动。

在每个书目板块下，我们都精选了 8 本相关图书进行深入探讨。

我们再以"社会关系"板块为例，这些精选绘本以其独特的故事线和角色塑造，为幼儿提供初步的思考引导和启发框架，如《团圆》《大猩猩》展现的家庭关系，《公鸡的新邻居》展现的邻里关系等。我们从"感知""理解""表达"三个维度再来确定故事会的讨论主题，引导幼儿从多元视角思考如何建立和谐的人际关系、如何妥善处理人际关系中的各种问题。在这一过程中，幼儿不仅享受到了阅读的乐趣，而且在思考、交流和分享中得到了成长。

——《图书馆狮子》，讨论主题：如何看待规则？帮助幼儿理解规则的重要性，并思考如何看待和遵守规则，培养他们的公共意识和规则感。

——《公鸡的新邻居》，讨论主题：如何结交朋友？引导幼儿思考如何结交新朋友以及友谊的真正意义，提高他们的社交能力和同理心。

——《阿莫的生病日》，讨论主题：如何关爱他人？引导幼儿思考如何关爱他人，体验友情的温暖，培养他们的同情心和爱心。

——《南瓜汤》，讨论主题：如何面对冲突？引导幼儿思考如何面对和解决冲突，提高他们的沟通能力和协作精神。

——《我有友情要出租》，讨论主题：如何维护友情？引导幼儿思考如何维护和增进友情，培养他们的社交技能和情感智慧。

——《团圆》，讨论主题：如何表达思念？引导幼儿思考如何表达思念和关爱，培养他们的亲情意识和家庭责任感。

——《大猩猩》，讨论主题：如何陪伴家人？引导幼儿思考如何陪伴家人，建立亲密的家庭关系，培养他们的家庭观念和亲情意识。

——《小阿力的大学校》，讨论主题：如何适应校园？引导幼儿思考如何适应校园生活，培养他们的社交技能。

（四）深化体验，拓展暖场与延伸活动

由于公共图书馆参与报名的幼儿流动性较大，孩子们大多数互不熟识。为了帮助他们更快地融入活动，每场故事会馆员们都会特别设计具有趣味性的暖场活动，在帮助孩子们相互熟悉的同时，还能提升他们的专注力，为后续讨论环节营造友好宽松的探究环境。这些暖场活动形式多样，包括手指操、唱童谣、口头接龙以及结合故事会讨论主题展开的相关配套游戏等。

以社会关系板块《公鸡的新邻居》讨论主题为"如何结交朋友？"的故事会为例，在活动开始之前，馆员先带领孩子们一起做"找朋友"的手指操。通过简单而有趣的手指游戏，孩子们迅速与馆员和其他小朋友进行了互动，不仅放松了心情，还自然地与其他孩子进行了交流。这种轻松愉快的氛围为后续的绘本故事分享奠定了良好的情感基础。此外，通过"找朋友"的手指游戏，进一步促进了绘本故事的情节导入。在游戏中，孩子们对于结交新朋友的主题产生了共鸣，能够更好地理解公鸡与猫头鹰之间的友谊发展。

在故事会活动中，除了强调通过群体讨论的语言交流来提升幼儿的思维力，还可以让幼儿通过身体活动来促进思考，包括适时加入游戏或艺术活动等，进一步进行阅读的深加工。如在延伸活动环节，我们采用的是以绘画、手工创意制作、角色扮演以及游戏或竞赛等多样化的形式来激发幼儿的兴趣，增强他们对故事的理解，充分表达出个人对自我、对生命以及对世界的思考。

在《公鸡的新邻居》讨论主题为"如何结交朋友？"故事会的最后，我们采用了"角色扮演"的形式进行活动的延伸拓展。小朋友们利用馆员们提供的道具扮演起公鸡和猫头鹰，住进了他们各自的家，重温了一遍故事，重新认识了一下新朋友。馆员们精心布置的"家"

和"礼物区"为小朋友们提供了一个富有创意和情感表达的平台。小
朋友们还可以自由选择合适的礼物卡片送给对方，或是通过绘制礼物
来传达自己的心意。公鸡的代表们选择送花、种子、围巾作为礼物，
而猫头鹰的代表们则送出了手套、面包、书等不同的礼物。结交朋友
是一件快乐的事情，让我们惊喜的是，小朋友们在现场真的认识了新
朋友，体验到了友情带来的快乐。

通过延伸活动，幼儿可以在不同的方式和角度上再次接触故事，
从而更深入地理解和记忆故事情节和角色。我们也希望延伸活动能让
幼儿以自己喜欢的方式，充分展示其对故事的独特理解。这也将对他
们的语言发展和阅读能力提升有积极的影响。同时，多样化的延伸活
动形式还能够引起幼儿的兴趣，使他们更加积极地参与到故事中，这
种参与感和主动性有助于培养他们的学习动力和探索精神。

（五）开展以馆员为主导的团体探究

团体探究是故事会的核心内容，公共图书馆读者群体流动性较
大，因此青浦区图书馆的故事会采用以馆员为主导的探究团体模
式。[①] 馆员会提前设计好围绕讨论主题的系列问题，并通过对话的探
究讨论方法动态实施于活动现场，全程鼓励幼儿发散思维、自信地表
达、学会倾听并合作思考。

1. 抓住焦点，设计问题对话

问题设计是引导幼儿深入思考的关键环节，其目的并非仅限于活
动目标的达成，更重要的是启发幼儿的思维，帮助他们去建构自身
生活的意义。李普曼在《教育中的思维》中提出了培养思维能力的

---

① 张毅红.儿童哲学与阅读活动融合的价值意蕴及其实现［J］.图书馆杂志，2023，
42（07）：70-75.

3C 目标，即批判性思维（Critical Thinking）、创造性思维（Creativity Thinking）、关怀性思维（Caring Thinking）①，如图 2 所示。这三种思维能力既相互独立又相互融合，而三者融合的多元思维才是培养幼儿正确判断和独立思考的来源。

图 2　儿童哲学所能培养的三种思维力

前阅读核心经验也提出了幼儿在"阅读内容的表达与评判"的拓展阶段应达到"阅读之后，会对绘本中人物特点评价、判断，对绘本所传递的主题进行初步思考，并说明理由"的具体目标。我们将 3C 多元思维目标与之相对应，并经过故事会长期的对话实践，总结提炼出三类七种问题类型。第一类为话题导入型问题。第二类为体会感受型问题，这类问题进一步细化为体会感受与换位思考。第三类是哲学思考与生活经验型问题，细化为矛盾冲突、思维拓展、关怀性思考与生活经验。

第一类，话题导入型问题：

（1）故事话题导入：通过开放式提问引导幼儿进入故事情境，激

① ［美］马修·李普曼.教育中的思维：培养有智慧的儿童［M］.刘学良，汪功伟，译.上海：华东师范大学出版社，2023：179，182.

发其对客观问题的思考，并鼓励认真倾听与勇敢表达，以建立互相尊重的互动机制。

第二类，体会感受型问题：

（2）体会感受型问题：引导幼儿深入挖掘故事中角色的情感世界，并鼓励他们表达自己的感受，旨在培养其情感认知和表达能力。

（3）换位思考型问题：设计问题引导幼儿从不同角色的视角审视故事情节，旨在培养其同理心和多角度思考能力，进一步拓展其思考维度。

第三类，哲学思考与生活经验型问题：

（4）矛盾冲突型问题：通过提出具有矛盾和冲突性质的问题，培养幼儿的批判性思考能力，以提升其分析和解决问题的能力。

（5）思维拓展型问题：激发幼儿的想象力和创造力，引导他们对故事进行多角度思考和个性化解读，鼓励其对未知领域的勇敢探索。

（6）关怀性思考型问题：设计问题引导幼儿反思自身与他人的关系，以及个人在社会中的角色与责任，旨在促进其社会适应能力和道德成长。

（7）生活经验型问题：回到真实生活响应幼儿所思考的问题，促进其知识应用与实践能力，提升其生活适应能力和社会认知水平。

在实践应用中，又形成了由（1）（2）（3）（7）组合而成的基础性问题架构，再有侧重地将（4）（5）（6）三种问题进一步聚焦，选择其一灵活设计焦点问题的优化策略。其中，（4）矛盾冲突型问题主要对应 3C 批判性思维，（5）思维拓展型问题主要对应 3C 创造性思维，（6）关怀性思考型问题主要对应 3C 关怀性思维。

我们仍以社会关系板块《公鸡的新邻居》讨论主题为"如何结交朋友？"的故事会为例。

在幼儿的社会领域学习中，人际交往和社会适应被《指南》明确强调为核心内容，并视为幼儿社会性发展的基本途径。针对"如何结交朋友？"这一议题，团队紧密结合《指南》中的人际交往和社会适应目标，即"愿意与人交往，能与同伴友好相处，具有自尊、自信、自主的表现，关心尊重他人；喜欢并适应群体生活，遵守基本的行为规范，具有初步的归属感"。我们发现这些目标与儿童哲学的关怀性思维关系最为密切。儿童哲学的关怀性思维强调对他人和环境的敏感性和回应能力，引导幼儿深入理解和尊重他人的感受和观点。在此基础上，问题设计在融合前阅读核心经验与3C多元思维目标的基础上，再聚焦紧扣讨论主题的"关怀性思维"重点发力，最终指向"从阅读中获取意义"的靶心。具体设计框架如下：

（1）故事话题导入

① 公鸡和猫头鹰为什么碰不到面呢？

② 你认为公鸡和猫头鹰能成为好朋友吗？为什么？

（2）体会感受型问题

① 公鸡发现有新邻居搬来时，他是怎样的心情？

② 公鸡一直遇不到这位新邻居，他的心情有什么变化呢？他是怎么做的呢？

③ 当公鸡知道自己的新邻居是猫头鹰时，他又是怎么做的呢？

（3）换位思考型问题

① 如果你是公鸡，一直碰不到猫头鹰，你会放弃吗？

② 如果你是猫头鹰，有什么办法可以和公鸡成为好朋友呢？

（4）关怀性思考型问题

① 你认为朋友是什么？

② 你和好朋友一样吗？有没有不一样的地方呢？

（5）生活经验型问题

① 你和你的好朋友是如何成为好朋友的？

② 如果你和你的好朋友也经常见不到面，你会怎么办？

这样的问题设计策略，不仅助力幼儿理解故事情节和角色情感，还通过渐进式的提问为每位幼儿提供了适宜的思考空间，逐步引导他们深入挖掘故事内涵。这样的过程，仿佛一场充满惊喜的寻宝之旅，点燃了幼儿的好奇心和探索热情。在实践中，我们发现，幼儿在这样的问题启发下，既能享受到阅读带来的思维乐趣，又能将讨论主题自然而然地融入实际生活中。这种与日常生活紧密融合的阅读体验，不仅饱含启发性、趣味性和生活性，更为他们的阅读之旅注入了源源不断的动力，让其在阅读中收获快乐与成长。

2. 动态实施，团体合作思考

在以幼儿为主体的对话式团体探究故事会现场，幼儿不再是被动的知识接受者，而是能通过阅读与思考主动探索故事内涵，在馆员的推动下，清晰地表达自己的见解。需要特别注意的是，儿童哲学是以动态方式开展的教育活动，提前设计好的问题并非必须严格遵照执行的标准化程式，我们精心设计问题的初衷是激发幼儿发现问题、提出问题的兴趣，培养其独立思考的能力。因此，馆员要时刻敏锐地捕捉幼儿现场的反应，随时要准备好将"主导问题"的权利移交给幼儿，并做到"少说多听"，多鼓励其积极分享观点、贡献智慧。

例如在《公鸡的新邻居》讨论主题为"如何结交朋友？"的故事会实践中，馆员根据孩子们的现场表现和反应，提问环节实际仅应用了（1）故事话题导入中的①、（3）换位思考型问题中的①、（4）关怀性思考型问题中的①②共四个问题，并讨论了"公鸡和猫头鹰是如何成为朋友的""公鸡送了猫头鹰一副太阳眼镜，那猫头鹰可以送什么礼物给公鸡""分享一个和好朋友的快乐故事"等现场孩子们表现出关心的问题。孩子们在面对这些问题时发言踊跃，他们在对话过程中会进行认同或者不认同他人的观点、表达想法并说明理由、共同建构意义等深入交流，从中体验到阅读交流的乐趣与价值，并体会到对这本书的阅读给自己带来了什么，这将更为有效地激发儿童内在的阅读兴趣，实现儿童阅读推广的目标。

3. 全面梳理，现场反馈总结

在对话环节结束后，馆员须对整个活动进行现场回顾与梳理。对话过程不仅是儿童获取知识的途径，更是他们思维发展、观点表达和社交互动的重要平台。然而，由于儿童的自我反思和总结能力尚未完全成熟，因此馆员的反馈总结在这一过程中起到了至关重要的引导和补充作用，馆员须深入梳理活动讨论的探究过程，准确捕捉儿童在对话中展现的观点和思维动态。对于对话过程中出现的分歧，馆员应强调不同意见的合理性和相互补充性，从而促进儿童对问题理解的全面性。同时，馆员在现场反馈儿童对话观点的总结后，还应鼓励他们将探究观点付诸实践，有助于提升探究共同体的效果，为后续的探究活动持续注入动力。

三、项目社会成效

上海市青浦区图书馆是图书馆行业中首家将早期阅读培养目标和李普曼儿童哲学教学法有机结合开展阅读探究活动的公共图书馆。活动的相关新闻除了被东方网、中国上海、上海市中心图书馆等门户网站报道外，还多次刊登于《青浦报》《图书馆报》和《中国图书商报》

等纸媒上。融入了"儿童哲学"的"小鸡 Book"项目，寓教于乐，为儿童提供了一个安全的环境，促发了他们的好奇心，使其乐于提问，勇于表达，有效激发了儿童对自己、对世界更深刻的探索，并带动了家庭、学校和社会对阅读从"心"出发、回归儿童本位的理念更新。同时，这一系列的阅读活动还激发了馆员的职业活力，引发了家长和学校对图书馆阅读推广的特别关注，家长们纷纷反馈孩子非常喜欢参加这样的阅读活动。在这里，他们的多元思维得到充分释放，包括语言的锻炼，同时也满足了其社会性发展的需求。多家幼儿园和学校也主动联系图书馆开展项目合作，社会反响良好。

同时我们也注意到，目前儿童哲学应用于早期阅读活动尚在起步阶段，还面临着诸多现实问题，需要更多的研究和探索。我们将项目实践中遇到的问题进行了梳理，总结了活动开展的要点，并提出了一些思考与建议，明确了未来努力的方向。

第四节　项目实践的经验总结与思考

儿童哲学是连接儿童阅读与精神成长的重要桥梁，作为一种极具哲学智慧的素质教育模式 [①]，它没有固定的方法，对其的探索与应用也是特色化、多样化的。青浦区图书馆将儿童哲学应用于早期阅读活动尚在起步阶段，实践中也面临着诸多现实问题，如儿童读者流动性较大，导致活动参与度不稳定；混龄参与增加组织难度；缺乏统一的专业标准来指导活动实施；等等。在此背景下，我们结合实践经验，

---

① 任强，朱佳蕊.儿童哲学与学科课程融合的教育价值及其实现［J］.湖州师范学院学报，2021，43（09）：40-46.

提出以下几点思考与建议：

一、加强理论研究

儿童哲学应用于早期阅读活动的理论研究，不仅为实践活动提供了明确的方向，更是成为推动儿童哲学阅读活动向更深层次发展的基石。未来，我们将着重加强两方面的研究：一是构建专业标准。该标准可包括精选哲学寓意的读本、设计契合孩子们兴趣与生活经验的讨论主题、准备有趣的热场与延伸活动、营造安全开放的讨论氛围、通过科学的设问话语催生孩子们的独立观点和清晰表述、在交流中有效激发孩子们的表达欲望、鼓励不同观点的碰撞、培养认真倾听和冷静反思的习惯等，以确保阅读活动的专业性和有效性。二是确立科学评估。儿童哲学绘本故事会兼顾儿童思维能力和审美情感等多元维度的发展，对于激发儿童阅读兴趣、培养良好习惯具有深远影响，其"隐性价值"不容忽视。因此，我们亟须制定一套基于活动过程的质化评估体系，通过具体、客观的评估指标，对阅读活动的实际效果进行科学、精准的衡量。这一评估体系将为我们提供宝贵的反馈，帮助我们有针对性地调整和优化活动内容与方法。

二、优化现场实操

在活动现场，我们面临着活动流程顺畅性、儿童参与高效性、现场反应灵活性等多重挑战，对细节的把控尤为关键，为此我们总结了四个方面的注意事项：一是保障情感安全。作为引导者，我们的首要任务是营造安全、信任的环境。我们可以在活动开始前与孩子们共同制定一套"讨论规则"，明确发言权利、尊重他人观点的重要性。同时，鼓励他们思考如何更好地倾听他人的观点，如何提出有条理的问题并进行回答。二是巧妙设问启发。提问不宜过多，问题设计的关键在于激发儿童的自主思考能力，通过提供充足的思考空间，促使儿童在阅读过程中主动发现问题、进行深度思考并寻求解决方案。三是精准反馈激励。在儿童哲学绘本故事的分享环节中，反馈是促进儿童思考和表达的关键环节。然而，过度正面的反馈可能会扭曲儿童的思考动机，导致他们为了获得赞扬而迎合评价，而非真实地表达自己的观点。因此，我们需要关注反馈方式的调整，注重表达感谢和鼓励，而非单纯的正面评价。这样的反馈方式能够更好地激发儿童的思考和表达欲望，培养他们独立思考和真实表达的能力。四是发挥榜样示范。除了关注寡言儿童，还应关注思维独特的儿童，发挥其引领作用。这些儿童可能成为活动中其他儿童的示范榜样，就如《共读绘本的一年》中的女孩瑞妮一样，通过与老师的互动，瑞妮不断拓展思维和表达能力，激发其他儿童的参与和分享，她的存在使活动更有意义。因此，需要关注这些有潜力的儿童，让他们成为思考和表达的引领者。

三、聚焦人才培育

人才是推动事业发展的核心力量，为实现不同部门间的紧密合作与资源整合，充分发挥人才的优势和潜力，战略化人才管理至关重要。我们主要从两个方面进行了实践探索：一是打造复合团队。实施阅读推广项目化团队建设，即以阅读推广服务的活动范畴，有机地建立起可以整体协作、职能交错的复合型团队组织。团队通常由来自不同部门、不同学科、具有不同服务特长的若干人员共同组成。它将人员的不同技能和学科优势整合到一起，使团队的综合服务能力提高。青浦区图书馆打造的"小青团"阅读推广团队就是该运作模式的具体实践，通过跨部门的横向合作，突破了传统部门职能化的壁垒，并通过矩阵管理，内设人才建设管理组和品牌项目管理组，确保人才的专业成长与阅读推广项目的发展紧密结合。① 二是激发馆员潜能。馆员的专业素养和综合能力对活动发展至关重要，因此图书馆须发掘具备解决问题和独立思考能力的专业人才，并培养他们成为稳定的专业工作者队伍。通过案例分析、前沿成果学习等方式，不断更新馆员的认知层面，使他们注重引导孩子发掘书本内涵，体验思维交流的乐趣。

四、扩大社会影响

儿童哲学应用于早期阅读活动的推广不应局限于图书馆这一平台，它同样需要家庭与社会的参与和支持，共同为儿童构建一个多元的、包容的阅读环境，未来我们将继续加强儿童哲学应用于早期阅读活动的推广宣传。一是普及儿童哲学。家庭作为培养儿童阅读习惯的基石，应深入理解儿童哲学的重要性。图书馆可通过开展相关讲座、读书活动等，引导家长从哲学视角审视儿童教育，让家庭教育充满智慧。二是汇聚社会关注。应加强与社区、学校等的合作，通过更多的服务宣传，形成强大的社会教育与学校教育的融合互补。

这些领域的探索基本是无穷尽的，但又恰恰是图书馆专业活动发展的必要内涵。展望未来，在跨界融合的学习中，我们应追随儿童的脚步，积极探索新时期开展儿童阅读活动的规范模式，让图书馆真正成为促进自主探究、自然生长、终身学习的智慧殿堂。

第五节　结　语

将儿童哲学的理念应用于早期阅读，如同在孩子们探索世界的旅

---

① 张毅红. 阅读推广项目化团队管理的理论应用与实现途径——以上海市青浦区"小青团 @ 清阅朴读"为例 [J]. 图书馆建设，2017（04）：57-61.

途中，播撒一颗颗智慧的种子，让它们在心灵的土壤中自然生长、发芽。这些精选的绘本故事，就好像色彩斑斓的地图，让孩子们探索生活的不同角落。在与同伴们的互动交流中，他们的思维得以碰撞，激发出璀璨的火花。这里没有一成不变的答案，只有充满创意的无限可能，每个孩子都是主角，他们的声音和想法都被尊重和重视。阅读，就这样成为孩子们生活中的一场奇妙冒险，每一本绘本都是一个新的世界，每一次阅读都是一次新的旅程。展望未来，我们坚信这样的阅读体验不仅将持续点燃孩子们对未知世界的好奇心和探索欲，更将引领他们不断地发现和成长，成为更好的自己。

第三章　基于儿童哲学的绘本共读与问题设计

第一节　自我认知

> **讨论主题：我是谁？**
>
> 绘本：《我不知道我是谁》
>
> 作者：［英］乔恩·布莱克　文，［德］阿克塞尔·舍夫勒
>
> 　　　图，邢培健　译
>
> 出版单位：海豚出版社
>
> 出版时间：2020 年

内容简介

兔子达利 B 对自己充满了疑问：我是谁？我应该住在哪里？我应该吃什么？我的脚为什么这么大？这双脚有什么用？

为了得到答案，达利 B 进行了探索与尝试。他与猴子、树袋熊和豪猪做对比，在山洞里、鸟窝里和蜘蛛网上体验，在吃鱼、吃土豆和吃虫子中品味，用大脚丫滑水、让老鼠坐在上面，甚至是躺在地上用大脚丫遮雨。最后，他决定学鸟一样住在树上，学松鼠一样吃橡子，但他还是不知道为什么自己的脚这么大。直到黄鼠狼洁西 D 的出现，浑然不知的达利 B 还在疑惑洁西 D 是谁，并在洁西 D 准备吃掉他的一刹那，用自己的一双大脚把他踢飞了。

但是，刚从洁西 D 那儿听说自己是兔子的达利 B，在伙伴们"你是一个英雄！"的欢呼声中又迷惑了……"真奇怪，"达利 B 说，"我还以为我是只兔子呢。"

活动目标

"我是谁"是人类永恒思考的问题。我们每个人终其一生，都在不断地寻找自我。正处于自我意识萌发阶段的孩子们和故事中的兔子达利 B 一样，对自己会有很多的疑问。这些对生命价值的追问可以循序渐进地促进孩子们探索自我、发现自我，帮助孩子们进行自我构建。通过共读和讨论，希望孩子们能像绘本中的达利 B 一样，在寻找自己的旅途中，不断地探索与追寻，从而认识更广阔的世界，向着更多的可能伸展。

问题设计

1. **故事话题导入**

（1）你觉得达利 B 是谁呢？

（2）你喜欢达利 B 吗？为什么？

2. **体会感受型问题**

（1）当达利 B 决定生活在树上、吃着橡子时，是一种什么样的心情？

（2）达利 B 从黄鼠狼口中得知自己是一只兔子时，他是什么心情？

（3）达利 B 在其他兔子的欢呼声中明白自己是"英雄"，不是"兔子"时，又是什么心情？

3. **换位思考型问题**

（1）如果你是达利 B，你会选择什么样的生活方式？

（2）如果你是其他兔子，会怎么看住树上、吃橡子、用大脚丫子挡雨的达利 B？

4. 关怀性思考型问题

（1）你觉得达利 B 找到答案了吗？

（2）你知道"你是谁"吗？

5. 生活经验型问题

（1）你觉得自己有什么与众不同的地方？

（2）你的"与众不同"可以帮助你做些什么呢？

讨论主题：我为什么存在？

绘本：《大问题》

作者：［德］沃尔夫·埃布鲁赫　文/图，袁筱一　译

出版单位：北京联合出版公司

出版时间：2013 年

内容简介

随着孩子内心世界的丰富，对世界充满了止不住的惊奇和天马行空的疑问。"我为什么会来到这个世界？"一个小孩子提出这样一个大问题。

哥哥说：你来到地球，就是为了过生日。猫儿说：你来到这个世界，就是为了打呼噜，也有一点点儿是因为老鼠。飞行员说：你在这里，是为了能亲吻云朵。死神说：你在这里，是为了热爱生命。石头说：你在这里，就是为了在这里。鸭子说：我可不知道为什么会来到这里。姐姐说：你在这里，是为了能好好爱自己……最后妈妈也回答了这个"大问题"：你在这里，是因为我爱你。

整个故事从不同的人和事物的角度探索了一个哲学问题："我为

什么存在?"《大问题》里的各种答案源于每个人生活经验的差异,因为这些不同,会形成各自不同的答案。但这个"大问题"没有标准,也没有终结。书的最后写道:"随着你一天天长大,你还会找到其他更多的答案。"还有如同时间账本的表格,等待着孩子们去经历、去探寻属于自己的答案。

活动目标

　　面对孩子们对"自我存在意识"的问询,我们给予的不应是灌输和修剪,更重要的是帮助他们建立最核心的思考力,促进其自立之养成。认知在成长,内核在改变,每一次的经历都让他们在自我引导中拥有自己的生命遐想。通过共读和讨论,孩子们将进一步探寻真我,这个新答案也可以一直延续下去,帮助他们成为更好的自己。

问题设计

　　1. 故事话题导入

　　(1)你有想过"我为什么存在"这个问题吗?

　　(2)绘本中,大家对"大问题"的回答为什么都不一样呢?

　　2. 体会感受型问题

　　你觉得提出这个"大问题"的小朋友最后找到答案了吗?

　　3. 换位思考型问题

　　如果你是提问题的这个孩子,你最喜欢谁的回答?为什么?

　　4. 关怀性思考型问题

　　(1)你还想让谁来回答这个问题?

　　(2)你对这个世界还有哪些疑问?

　　(3)针对你的疑问,你会想一些什么办法去寻找答案呢?

5. 生活经验型问题

（1）你自己对这个"大问题"，即"你为什么存在"的答案是什么？

（2）这个答案还需要你做些什么吗？

讨论主题：我该选择成为怎样的人？

绘本：《咕叽咕叽》

作者：陈致元　文/图

出版单位：明天出版社

出版时间：2012 年

内容简介

鸭妈妈孵出四颗蛋，他们是有蓝点的小鸭"蜡笔"；有条纹的小鸭"斑马"；黄色的小鸭"月光"；还有嘴里不停发出咕叽咕叽声音的"咕叽咕叽"。

有一天，湖里冒出了三只鳄鱼，他们和咕叽咕叽长得很像：没有羽毛、扁扁的嘴和肥肥的大脚；只有蓝绿色的皮肤、尖尖的大爪子、锐利的牙齿和一身坏鳄鱼的味道。三只鳄鱼对咕叽咕叽说，因为他们都是鳄鱼，所以应该相互帮忙，并让咕叽咕叽明天把鸭子们带到桥上玩跳水，他们张开大嘴在桥下等着。咕叽咕叽很难过，他对着湖面做了个凶狠的表情，湖面却浮出了一个好笑的模样，咕叽咕叽笑了起来。

第二天，咕叽咕叽依照三只鳄鱼的指示，带着鸭群来到桥上，准备玩跳水。不过，跳下去的不是鸭子，而是又硬又大的石头，坏鳄鱼的牙齿全碎了。咕叽咕叽救了所有的鸭子，成了鸭子们心目中的大英雄，继续和鸭子一家生活在一起，成了一只快乐的鳄鱼鸭。

孩子们在生活中常常会遇到"我是谁"的困惑，因为我们和世界上的其他人有着一样的五官、四肢，却有着不一样的思想和灵魂，孩子们也会想知道"我应该成为怎样的人"。绘本里的咕叽咕叽，即使生来是一只鳄鱼，但是他选择和鸭子生活在一起，成为一只不吃鸭子的鳄鱼鸭。通过讨论咕叽咕叽的心路历程，或许可以在孩子们面对人生选择的时候，给他们以启发和力量。

（问题设计）

1. 故事话题导入

（1）你对咕叽咕叽的选择赞同吗？

（2）你认为故事中的咕叽咕叽是一个怎样的小朋友？你喜欢他吗？

2. 体会感受型问题

（1）咕叽咕叽听说三只鳄鱼要把鸭子家人们吃掉时，他是什么心情？

（2）咕叽咕叽看到湖面里自己的模样，他在想些什么？心情有哪些变化？

（3）咕叽咕叽选择和鸭子们生活在一起，会面临什么样的问题？他又会是什么心情？

3. 换位思考型问题

（1）如果你是咕叽咕叽，遇到和自己长得一样的鳄鱼，会怎么办呢？

（2）如果你是三只鳄鱼，会怎么看选择和鸭子在一起的咕叽咕叽？

4. 关怀性思考型问题

（1）你认为人可以自己选择成为怎样的人吗？

（2）你认为在选择中会遇到困难吗？如果有困难你会怎么办？

5. 生活经验型问题

（1）你在生活中遇到过相似的情况吗？

（2）你是如何做的呢？

讨论主题：我该如何坚持做自己？

绘本：《鸭子骑车记》

作者：［美］大卫·香农　文/图，彭懿　译

出版单位：新星出版社

出版时间：2017 年

内容简介

一天，农场里的鸭子突然冒出来一个疯狂的主意：想骑自行车！"我敢打赌，我会骑自行车呢。"于是他悄悄溜到小男孩停车的地方，跨上自行车，开始摇摇晃晃地骑了起来。起初，鸭子骑得非常慢，全身东倒西歪，但他感到非常好玩！

鸭子先后从母牛、绵羊、狗、猫、马、母鸡、山羊、猪、老鼠身边骑了过去。而每只动物对鸭子骑车的看法都不一样：母牛觉得这是愚蠢的事，绵羊有点担心，马儿有点不屑一顾……只有老鼠也想像鸭子一样骑车。但是鸭子并不介意，继续享受他的骑行冒险。

后来大家都骑上了自行车并感谢鸭子的这个主意，因为他们也体会到了骑自行车的乐趣。故事的结尾处，鸭子又站在了拖拉机前……

活动目标

在我们成长的过程中，虽然学到了很多知识，尝试了很多事情，但像故事中的鸭子那样，能够坚持自己的想法并最终取得成功的人并不多。面对挫折和失败，别人的批评或嘲笑，你是否还能坚持做自己？通过共读和交流，我们可以深入思考坚持的意义，即使别人可能觉得你的想法奇怪或者不可能实现，但只要坚持做自己认为对的事情，或许会有意想不到的结果。

问题设计

1. 故事话题导入

你喜欢书中的鸭子吗？为什么？

2. 体会感受型问题

（1）鸭子一开始跨上自行车，摇摇晃晃地骑了起来，他当时是什么样的心情？

（2）鸭子遇到了母牛，母牛觉得鸭子骑车是愚蠢的事，他会是什么样的心情？

（3）当鸭子骑车经过老鼠身边，看到老鼠羡慕的表情时，他又是什么样的心情？

3. 换位思考型问题

（1）如果你是鸭子，看到自行车，会有骑车的想法吗？

（2）如果你是别的动物，鸭子骑车经过你身边时，你会如何想？

4. 关怀性思考型问题

（1）你喜欢尝试新的事物吗？为什么？

（2）如果你在做的事情遭到了他人的嘲笑，你会轻易放弃吗？为什么？

5. 生活经验型问题

（1）在日常生活中，你都坚持做过哪些事情？

（2）你有特别想做的事吗？你会把这件事坚持下去吗？

讨论主题：我该如何看待自己的外貌？

绘本：《五个丑家伙》

作者：[德] 沃尔夫·埃尔布鲁赫　文/图，王星　译

出版单位：湖南少年儿童出版社

出版时间：2007 年

内容简介

深夜，癞蛤蟆、老鼠、蜘蛛、蝙蝠相聚在一起，他们相互抱怨着自己丑陋的外貌，觉得自己是世界上最不幸的动物。这时，从黑暗中来了一条鬣狗，他咯咯地笑着打量他们每一位。

鬣狗询问他们是否遇到了麻烦。老鼠问他说："如果大家都嫌你又脏又丑，你还会觉得活着有意思吗？"鬣狗沉思了一会儿，走过去坐在他们身边快乐地说："别人认为你漂亮不漂亮，其实一点儿也不重要。重要的是你心里怎么想……"后来，他们都沉醉在鬣狗的萨克斯管演奏中，如果鬣狗不提示，他们都没注意到，其实鬣狗也很丑。

在鬣狗的带领下，老鼠、蜘蛛、蝙蝠发现自己可以演奏音乐、唱歌、伴奏，癞蛤蟆会烙薄饼。于是，他们准备举办一场薄饼音乐会！他们兴致勃勃地准备好一切，却没有一个客人露面，气氛再次冷清下来，蜘蛛哭了。他们决定不等了，没有客人来，也可以自己狂欢！他

们吃着热乎乎的薄饼，共同演奏快乐的音乐，直到附近的每个角落都能听到，所有动物都来了……

活动目标

　　这是一本故事情节一波三折的绘本，五个丑家伙的心路历程牵动人心。绘本里五个外貌丑陋的动物在精心准备音乐会后却没能等来一个客人，后来他们决定自己享受薄饼与音乐的狂欢，并获得了快乐，最终也吸引了所有的动物。通过共读绘本，让孩子们讨论鬣狗所说的"重要"内容所指，并仔细研读故事细节，启发孩子们去发现每个动物不同的闪光点，思考该如何看待一个人，包括自己。

问题设计

　　1. 故事话题导入

　　（1）你喜欢故事里的鬣狗吗？他是一个怎样的动物？

　　（2）你喜欢这个故事吗？这个故事让你感到开心还是遗憾？

　　2. 体会感受型问题

　　（1）当鬣狗看到癞蛤蟆、老鼠、蜘蛛、蝙蝠闷闷不乐、无精打采时，他心里在想什么？

　　（2）当音乐会一切准备就绪，但没有一个客人，这时鬣狗又在想些什么？

　　（3）故事最后，附近所有的小动物都来了，五个丑家伙是怎样的心情？

　　3. 换位思考型问题

　　（1）如果你是故事里的小蜘蛛，你会怎么看待自己？

　　（2）如果你是受邀参加音乐会的小动物中的一员，你最在意的是什么?

4. 关怀性思考型问题

（1）你觉得外貌重要吗? 在与人相处的过程中，你会在意对方的外貌吗?

（2）当鬣狗在演奏萨克斯管时，癞蛤蟆、老鼠、蜘蛛、蝙蝠都没有注意到鬣狗也很丑，这是为什么?

5. 生活经验型问题

（1）在生活中，你最喜欢的人是谁? 喜欢他的哪些地方?

（2）你认为什么是真正的美?

讨论主题：我该如何看待自己?

绘本:《我喜欢自己》

作者:［美］南希·卡尔森　文 / 图，余治莹　译

出版单位:河北教育出版社

出版时间:2011 年

内容简介

书中的主角是一只可爱的猪小妹，她最特别的朋友就是她自己。猪小妹善于照顾自己、珍爱自己，即使没有其他朋友陪伴，她也总能找到让自己快乐、愉悦的事情来做。

猪小妹喜欢和自己一起做一些有趣的事情，例如画画、骑自行车、阅读好看的书。她热爱照顾自己，比如自己刷牙、洗澡、吃有营养的食物。早上起来，她会对自己说:"嗨，你看起来棒极了!"当猪小妹犯错或遇到挫折时，她总是鼓励自己，并愿意给自己尝试的机

会。她从不轻言放弃，总是不断前进。

这本书以猪小妹的视角展开，透过温馨的画面和明快的色彩，真挚地表达了猪小妹对自己的深深喜爱。她自信、从容地展现出了自己对生活乐观和积极的态度。

活动目标

在我们成长和审视自我的过程中，可能会因为一些自我认知上的不足而感到困扰。我们可能会觉得自己不够漂亮，对此有些介怀；可能会觉得自己不够聪明，为此有些伤神；甚至可能会觉得自己的性格不够好，总是渴望成为另一种人。然而，故事中的猪小妹展示出了她的笑容、自信以及对自我的喜爱，正是这种积极的态度让她散发出闪闪的光芒。通过共读和交流，更深入地了解和认识自己，思考如何肯定自己、接纳自己、欣赏自己。

问题设计

1. **故事话题导入**

你喜欢故事中的猪小妹吗？为什么？

2. **体会感受型问题**

（1）早上起来，猪小妹会对自己说："嗨，你看起来棒极了！"她当时是什么样的心情？

（2）猪小妹通过坚持不懈的努力，成功地制作出了美味的蛋糕，她当时是什么样的心情？

3. **换位思考型问题**

（1）如果你是猪小妹，你会如何照顾自己？

（2）如果你是猪小妹，当遇到挫折时，会怎么做呢？

4. 关怀性思考型问题

你喜欢你自己吗？你最喜欢自己的哪个方面？

5. 生活经验型问题

（1）在日常生活中，当你遇到不开心的事时，会怎么做呢？

（2）生活中，你是如何看待自己的？未来你想成为什么样的人？

讨论主题：我该如何看待自己的特质？

绘本：《勺子》

作者：［美］艾米·克鲁斯·罗森塔尔　文，［美］斯库特·马贡
　　　图，黄筱茵　译

出版单位：北京联合出版公司

出版时间：2016 年

内容简介

有一个勺子，他有很多家人。每到周末，他会去银器阿姨家做客，阿姨时髦又得体。睡觉前，热爱冒险的祖母会给勺子讲故事。

可是，最近勺子变得有点忧郁。他觉得所有的朋友过得都比他好：刀子可以切东西、抹果酱，而他不可以；叉子几乎哪里都能去，见多识广，不会像他一样闷得发狂；筷子则与众不同。勺子觉得他们都很幸运。而他不知道的是，刀子、叉子、筷子也都觉得他很幸运，羡慕他好玩又随和，可以帮忙度量，可以不用和别人黏在一块，自由活动。

晚上睡觉前，勺子的妈妈跟他讲了好多他能做而别人永远没机会体会的事情，比如开心地跳进冰激凌碗里，锵锵锵地敲打装满麦圈的碗，在热茶里放松休息，等等。于是，很多想法在勺子脑中快速闪

现，他觉得自己又充满了活力！

活动目标

　　世界上没有两片相同的树叶，人和人之间也各不相同，每个人都有自己的特质。通过绘本里勺子的故事，孩子们能理解不同的特质决定了不同的人会有不一样的经历，过不一样的生活。不需要去羡慕别人的生活，自己的生活一样精彩。通过绘本共读，让孩子们进一步思考自己有什么特质，适合做哪些事情，描绘一个与众不同、多姿多彩的人生。

问题设计

　　1. 故事话题导入

　　你喜欢故事里的勺子吗？为什么？

　　2. 体会感受型问题

　　（1）当勺子看到他身边的朋友都有一项看家本领的时候，他在想些什么？

　　（2）当勺子听到妈妈讲了许多他能做而别人不能体会的事情时，他又在想些什么？

　　3. 换位思考型问题

　　（1）如果你是故事里的勺子，当你看到刀子、叉子、筷子能做你不能做的事时，你会是什么心情？

　　（2）如果你是故事里的勺子，当你知道刀子、叉子、筷子也在羡慕你的时候，你是什么心情？

　　4. 关怀性思考型问题

　　（1）你的特质是什么？这些特质给你带来了什么样的感受？

　　（2）你最喜欢的人是谁？他身上有什么特质？

5. 生活经验型问题

（1）故事里，勺子和刀子、叉子、筷子彼此都认为对方很幸运，你心里的幸运生活是什么样子的呢？

（2）在生活中，你还有哪些擅长做的事？你打算如何发挥你的这些特质？

讨论主题：我该如何面对自己的与众不同？

绘本：《有个性的羊》

作者：[德] 达尼拉·楚德岑思克　文 / 图，王星　译

出版单位：长江少年儿童出版社

出版时间：2017 年

内容简介

星期一是剪羊毛的日子，草原上所有的羊都要去剪羊毛。可是，有一只名叫赫尔伯特的羊在通往剪羊毛小屋的路上逃跑了。赫尔伯特认为浓密厚实的毛可以抵御寒风，没有必要剪掉。

就在赫尔伯特得意地在草原上蹦蹦跳跳的日子里，她的毛变得越来越长，越来越多。她成了羊群中玩捉迷藏、滚草垛、旋转游戏和跳水炸弹游戏的冠军。过生日的时候，赫尔伯特也显得与众不同，她在身上扎满了漂亮的红色蝴蝶结，让她的伙伴们羡慕不已。然而，随着时间的推移，赫尔伯特开始冒汗了，她身上的毛也开始打结，变得乱蓬蓬的，让她不能再和朋友们一起玩了。

于是，赫尔伯特决定去剪羊毛。寒冷的冬天，赫尔伯特剪下的羊毛造福了大家，所有小羊的脖子上都围着一条暖暖的围巾。这是赫尔

伯特给大家带来的温暖。

活动目标

在这个世界上，我们每个人都是"特别的""与众不同的"，世界也因我们的"和而不同"而精彩。绘本里不爱剪毛的赫尔伯特虽然坚持个性，但并不孤独，她和小伙伴们在一起玩得很开心，甚至她剪下的羊毛，那代表着她"与众不同"的标志物，也成了把她和大家连在一起的纽带。通过共读与讨论，将进一步激发孩子们的自我探索意识，同时，引发孩子们对于坚持"与众不同"与"融入大众"的辩证思考，解锁成长道路上的幸福密码。

问题设计

1. 故事话题导入

（1）你觉得赫尔伯特和其他小羊的不同之处在哪里？

（2）你喜欢赫尔伯特吗？为什么？

2. 体会感受型问题

（1）赫尔伯特因为保持自己的"个性"，成了羊群中玩捉迷藏、滚草垛等游戏的冠军，她的心情是什么样的呢？

（2）因为赫尔伯特的毛越来越长，越来越多，导致她不得不去剪羊毛时，她的心情有什么变化吗？

（3）赫尔伯特剪下的羊毛给大家送去了温暖，此刻她又是怎样的心情呢？

3. 换位思考型问题

（1）如果你是赫尔伯特，你怎么看待其他剪了毛的羊？

（2）如果你是其他的羊，你会怎么看待不愿剪毛的赫尔伯特？

（3）如果你是其他的羊，你会怎样看待剪了羊毛并送给自己围巾的赫尔伯特？

4. 关怀性思考型问题

（1）你觉得什么是"有个性"？

（2）故事从赫尔伯特不剪羊毛开始，到她剪了羊毛结束，故事的最后你觉得她还是有个性的羊吗？

（3）你觉得我们该在什么情况下坚持个性？

5. 生活经验型问题

（1）你与其他人相比，有哪些"与众不同"之处？

（2）这些不同之处，对于你和小伙伴们的交往有影响吗？如果有，你觉得该怎么做呢？

（3）如果你身边有与自己不同兴趣爱好的小伙伴，你会怎么看待他？

第二节　品格养育

讨论主题：如何提升胆量？

绘本：《鳄鱼怕怕　牙医怕怕》

作者：［日］五味太郎　文／图，上谊编辑部　译

出版单位：明天出版社

出版时间：2008 年

内容简介

小鳄鱼被牙疼困扰着，虽然他很害怕看牙医，但是因为牙疼得厉

害，他不得不去看牙医；牙医也害怕鳄鱼，但作为一名称职的牙医，他也不得不给小鳄鱼看牙。

这一天，小鳄鱼终于走进了牙科诊所，可当他们看到对方的时候还是吓了一跳，都觉得对方好可怕。鳄鱼鼓起勇气张开了嘴，牙医也做好了最坏的打算，把手伸进了鳄鱼的大嘴巴里，可当牙医的工具碰到鳄鱼的蛀牙时，鳄鱼疼得"哎哟"叫了起来，而牙医的手也因此被鳄鱼咬住了，也疼得"哎哟"叫了起来。在强忍着眼泪镇定了一下后，鳄鱼继续张大了嘴，牙医也继续冒着再次被小鳄鱼咬的风险，把手伸进了鳄鱼的大嘴里……

终于，小鳄鱼补好了牙，他和牙医都长舒了一口气，礼貌地说着"明年再见"，但心里真实的想法却是"再也不想看到对方"。所以鳄鱼下决心"一定不要忘记刷牙"，而牙医也在心里祈祷着小鳄鱼"一定不要忘记刷牙"。

(活动目标)

小朋友们总会遇到各种各样害怕的人或事，害怕怪兽、害怕噩梦、害怕黑暗、害怕打针……故事中的鳄鱼害怕看牙医，而牙医也害怕鳄鱼，但是因为他们能积极地去面对自己害怕的事，从而在心理上也完成了从"害怕看牙医"到"知道要认真刷牙"的成长蜕变。通过共读与讨论，更加直观地认识"害怕"这种情绪，进一步思考面对"害怕"时提升胆量的方法。

(问题设计)

1. 故事话题导入

（1）鳄鱼为什么要去看牙医？

（2）鳄鱼牙疼，你觉得有哪些原因？

2. 体会感受型问题

（1）当牙医看到鳄鱼的影子出现在诊所的门口时，他是什么心情？

（2）小鳄鱼在牙医看牙的时候一直闭着眼睛，你觉得是为什么？

3. 换位思考型问题

（1）如果鳄鱼因为害怕就不去看牙医，你觉得会怎么样？

（2）如果你是牙医，你会不会拒绝给鳄鱼看牙？

4. 矛盾冲突型问题

（1）鳄鱼为什么怕牙医？牙医为什么怕鳄鱼？

（2）你觉得是牙医可怕，还是不刷牙有蛀牙可怕？

5. 生活经验型问题

（1）你最怕什么？

（2）你有看过医生吗？有什么办法可以让我们不害怕去医院呢？

讨论主题：如何获得勇气？

绘本：《勇气》

作者：［美］伯纳德·韦伯　文／图，阿甲　译

出版单位：北京联合出版公司

出版时间：2018 年

内容简介

在生活中，每个人都会需要"勇气"，对于孩子们来说，勇气到底是什么呢？作者用生活片段、优美的语言和活泼的画面向孩子们展

示了生活中一个个充满勇气的瞬间。

　　书中描述的勇气是第一次骑车不用安全轮、不开灯就上床睡觉，或是坚持自己的梦想、立志做一名消防员或警察，又或是上探太空、下探深海……勇气是一种可贵的心灵品质，它不仅仅是一种英雄主义，更多的时候，它代表着精神上的勇敢，一种勇敢地去面对困难、维护自己价值观的精神，一种敢于表达真实情感、为他人着想的精神，一种传递了自信与幸福的精神。

　　书中的一幅幅画面是一个个面对生活的挑战，那些都是我们或许经历过需要"勇气"去面对的事情。每个人对于勇气的看法和理解都有所不同，但在成长的过程中，相信每个人在面对挑战时都需要鼓起勇气。

活动目标

　　当遇到害怕或困难的时候，我们常常会需要勇气。那勇气是什么？如何获得勇气？在生活中，我们又该如何去理解勇气呢？书中告诉我们勇气有许多种，还给我们举了不少生动的例子，这些都会让我们更直观地理解勇气。通过共同阅读和交流，我们可以加深对勇气的理解和思考。这样，在面对生活中无处不在的挑战时，我们将能够主动寻找获得勇气的方法。

问题设计

1. 故事话题导入

（1）在漆黑的夜晚，你敢不敢不开灯就上床睡觉？为什么？

（2）书中描述了很多种勇气，那你最赞赏哪种勇气呢？

2. 体会感受型问题

（1）小男孩在参加智力竞赛时，面对题目"罂"字怎么读这样的问题，他当时是什么样的心情？

（2）小男孩好不容易搭好的沙堡被踩坏了，他会是什么样的心情？

3. 换位思考型问题

（1）如果你是伟利，搬到新地方后，能大方地介绍自己吗？

（2）如果你和别人吵架了，能先和对方讲和吗？

4. 关怀性思考型问题

（1）如果没有"勇气"，你认为生活会变得如何？

（2）你会如何鼓起勇气？

5. 生活经验型问题

（1）在日常生活中，你认为什么时候会需要勇气？

（2）如果以后遇到了一些困难和挫折，你会怎么办？

讨论主题：如何懂得珍惜？

绘本：《獾的美餐》

作者：[日]庆子·凯萨兹 著，余丽琼 译

出版单位：江苏少年儿童出版社

出版时间：2009 年

内容简介

獾的洞里有许多食物：苹果、虫子、萝卜、土豆……但他吃腻了这些，希望能换个口味，吃到一顿真正的美餐。于是，獾爬出洞，兴冲冲地去找他的美食。

一只鼹鼠从獾的身边路过，"啊哈！我的美餐！沙拉鼹鼠卷！"他

边想边扑了过去，但狡猾的鼹鼠从他手里滑了出去。一只老鼠从獾的身边路过，"啊哈！我的美餐！奶酪酱汁老鼠汉堡！"他边想边扑了过去，但灵活的老鼠从他手里扭了出去。一只兔子从獾的身边路过，"啊哈！我的美餐！兔子香蕉冰淇淋！"他边想边扑了过去，但敏捷的兔子从他手里蹦了出去。可怜的獾一下子失去了三顿美餐，饥肠辘辘的他气得大喊："我饿得可以吃下一匹马！""你？要吃我？"倒霉的獾看着头顶那匹坏脾气的马，被重重地踹了出去。

"扑通"一声，獾正好摔到了自己的洞里，他高兴极了，因为他有许多食物。但獾想错了，食物都不见了，他能找到的只有一张小纸片，上面写着："很抱歉不请自来，一只讨厌的獾在追赶我们，苹果、虫子、萝卜、土豆的味道都很棒，谢谢您的美餐。"

活动目标

小朋友们总是喜欢追求新事物，但一味追求新鲜而不懂得珍惜，会变得难以体会生活中的快乐和幸福。绘本里獾对自己拥有的食物弃之如敝屣，想要追求一顿真正的美餐，最后却一无所有，这也是生活中常常能遇到的情况。通过共读与讨论，孩子们将共同体会"珍惜"这一宝贵的品格与习惯，并在成长的过程中不断地学习和体会。

问题设计

1. 故事话题导入

（1）你觉得獾倒霉吗？为什么？

（2）你认为一顿真正的美餐是什么样的？

2. 体会感受型问题

（1）獾在一开始看着自己洞里的食物时是什么心情？

（2）獾意外地回到自己洞里后，心情有什么变化？

（3）獾最后发现只有一张小纸片，又是什么样的心情？

3. 换位思考型问题

（1）如果你是獾，会选择出去觅食还是留在洞里？

（2）如果你是獾，以后还会再次爬出洞去找美食吗？

4. 关怀性思考型问题

（1）你认为"珍惜"是什么？

（2）如果大家都不珍惜身边的人和物，你觉得会变成什么样？

5. 生活经验型问题

（1）你有没有珍惜的人或事？

（2）如果某天你失去了珍惜的人或事，你会怎么办？

讨论主题：如何抓住时间？

绘本：《慌张先生》

作者：赖马　文/图

出版单位：河北教育出版社

出版时间：2017 年

内容简介

今天是星期六，晚上 6 点，"大树洞剧场"要上演精彩的人偶剧。下午 4 点 40 分，慌张先生还在睡午觉，大树国的其他居民正准备出门。5 点了，慌张先生依旧在睡午觉，大伙儿都已经换上衣服，穿好鞋，关上门，一起去看戏了。

5 点 15 分，慌张先生终于醒了。"糟了！糟了！来不及了！"慌张先生一边说着口头禅，一边穿着两只不同的鞋奔跑着出门。倒霉总是跟着慌张而来，路上，慌张先生摔了一跤。还有 2 分钟到 6 点，慌张先生冲进更衣室，慌慌张张套上演出服，戴上头套，急急忙忙登上舞台。

最后，在舞台上的慌张先生突然发现，今天演的是《卖火柴的丑小鸭》。他自己主演的《我变成一只喷火龙》，是明天才会上演呢！

活动目标

时间是什么呢？时间稍纵即逝，我们怎么才能把握时间呢？如何在有限的时间内合理安排我们的生活呢？如果生活中因为没有时间概念而经常迟到，那应该怎么改变呢？绘本中，慌张先生慌慌张张的行为让孩子们捧腹大笑。通过共读绘本，与孩子们一起探讨"时间"这个话题，启发孩子们理解"时间"的概念，并通过对慌张先生行为的讨论，让孩子们自己想出有效进行时间管理的办法。

问题设计

1. 故事话题导入

（1）慌张先生为什么总是这么慌张？

（2）你觉得慌张先生今天迟到了，明天还会迟到吗？

2. 体会感受型问题

（1）这本书上的时钟，你认识吗？

（2）闹钟刚响的时候，慌张先生是怎么想的？

（3）当慌张先生戴着头套慌慌张张地站在舞台上时，他心里在想些什么？

3. 换位思考型问题

（1）如果你是慌张先生，发现自己快迟到了，你会怎么做？

（2）如果你的朋友总是慌慌张张的，你的心情是怎样的？

4. 关怀性思考型问题

（1）你认为"时间"是什么？

（2）我们可以用什么测量时间？

（3）你有可以抓住时间的方法吗？

5. 生活经验型问题

（1）生活中，你有没有慌慌张张的时候？

（2）生活中，如何能让自己不慌张？

讨论主题：如何更加自信？

绘本：《胆小鬼威利》

作者：［英］安东尼·布朗　文／图，唐玲　译

出版单位：二十一世纪出版社

出版时间：2009 年

内容简介

威利是一只穿着彩色花纹毛背心、彩虹条纹袜子的善良的小猩猩。他的口头禅是"哦，对不起"。小混混们都会叫他"胆小鬼威利"，威利特别讨厌别人叫他胆小鬼！

一天晚上，威利在报纸广告上发现了一本可以使自己变得强壮的书，于是他买来了这本书。他按照书中的指引，为变得强壮而奋斗，做准备活动，慢跑，吃大餐，跳健美操，学拳击，去健身俱乐部练肌肉……他开始举重。几个星期过去了，几个月过去了，渐渐地，威利变得强壮，很强壮，更强壮，非常强壮！威利喜欢自己现在的样子。

变得强壮的威利走在街上，遇到了小混混们正在欺负米莉。威利用自己的力量救下了米莉。小混混们落荒而逃。威利骄傲地说："我不是胆小鬼啦！"

活动目标

对孩子们来说，他们都梦想着自己变得强大。绘本中的小猩猩威利通过自己的努力，让自己变成了大英雄威利。通过对绘本的共读和讨论，让孩子们感受威利前后的变化，学习威利如何战胜自己的胆怯，变得勇敢自信，从而去思考如何获得成功与快乐。

问题设计

1. **故事话题导入**

（1）你觉得威利是一只怎样的猩猩？

（2）威利是如何变强壮的？

2. **体会感受型问题**

（1）在威利变强壮的过程中，他是怎么想的呢？

（2）在威利救了米莉，米莉特别感谢威利的时候，威利的心情是怎样的？

3. **换位思考型问题**

（1）如果你是威利，自己被书中的小混混们欺负时，你会怎么做？

（2）如果你是米莉，在威利救了自己以后，你会怎么做？

4. **关怀性思考型问题**

（1）你觉得一个自信的人会有怎样的表现？

（2）你觉得变得强壮和自信是为了什么？

5. 生活经验型问题

（1）生活中，你有胆小的时候吗？那是什么情况？

（2）生活中，你会通过哪些锻炼，让自己变得更加自信？

讨论主题：如何面对诚实？

绘本：《毛喳喳的小药丸》

作者：［日］平田明子　文，［日］高畠纯　图，彭懿　译

出版单位：陕西人民教育出版社

出版时间：2016 年

内容简介

大森林里，住着一只名叫毛喳喳的大猩猩，他的乐趣就是，每天晚上把鼻屎揉成一个小球球，然后偷偷地吃掉。

一天晚上，毛喳喳正在偷吃鼻屎的时候，恰巧被飞来的猫头鹰看见了。毛喳喳一着急胡乱编道："这是让脑袋变聪明的小药丸！"并叮嘱猫头鹰，这事谁都不要告诉。没想到第二天，这个消息就传遍了整个大森林，动物们都拿着自己心爱的东西来交换毛喳喳的"小药丸"。这下可把毛喳喳给忙坏了，不过最让他难受的还是他撒了谎。整天想着这件事的毛喳喳最终病倒了，动物们都来看望毛喳喳，并将珍藏的"小药丸"给他吃，毛喳喳终于忍不住说出了真相。因为说了真话，毛喳喳舒服多了。

打那以后，毛喳喳就再也不吃鼻屎了吧？不对。直到现在，他还时不时地偷偷吃鼻屎呢。

活动目标

　　"撒谎"是孩子成长过程中普遍存在的一种心理行为现象，这不一定都是不诚实的品质问题。绘本里的毛喳喳因为不想被人知道自己偷吃鼻屎的"小秘密"而撒谎，却被意想不到的结果和随之而来的愧疚感所困扰。通过共读与讨论，与孩子们一起聊聊藏在心中的"小秘密"，谈谈他们对"诚实"的看法。

问题设计

　　1. 故事话题导入

　　（1）毛喳喳的"小药丸"能让脑袋变聪明吗？

　　（2）最后，毛喳喳的病是怎么好的？

　　2. 体会感受型问题

　　（1）毛喳喳撒谎后的心情是怎样的？

　　（2）毛喳喳说出真相后，又是什么样的心情？

　　3. 换位思考型问题

　　（1）如果你是毛喳喳，被猫头鹰看见偷吃鼻屎，会如何回答？

　　（2）如果你是森林里的小动物之一，知道了毛喳喳的"小秘密"后，会如何看待毛喳喳？

　　4. 关怀性思考型问题

　　（1）你认为"诚实"是什么？

　　（2）如果你发现身边有人对你撒谎，会怎么办？

　　5. 生活经验型问题

　　（1）你有没有"小秘密"被别人发现的经历？

　　（2）如果你的"小秘密"被别人发现了，会怎么做？

讨论主题：如何学会分享？

绘本：《鲁拉鲁先生的院子》

作者：［日］伊东宽　文/图，蒲蒲兰　译

出版单位：二十一世纪出版社

出版时间：2009 年

内容简介

　　鲁拉鲁先生非常爱惜他的大院子，他每天都会精心维护它，确保它的美丽与整洁。为了保护这个他引以为傲的地方，他随身携带弹弓，随时准备驱逐任何未经允许进入院子的动物。

　　有一天，鲁拉鲁先生发现一只大鳄鱼躺在他的院子里。起初，他想要用弹弓把他赶走，但他担心鳄鱼会咬他。然而，出乎意料的是，鳄鱼竟然邀请鲁拉鲁先生躺下来，享受柔软的小草贴着肚子的舒适感觉，鲁拉鲁先生只能按照他的指示乖乖躺在草地上。鲁拉鲁先生体验到了前所未有的美好感受。

　　随着时间的推移，更多的动物开始来到鲁拉鲁先生的院子。最终，鲁拉鲁先生和所有的动物在院子里和睦相处，并与他们一起享受院子的美好时光。

活动目标

　　分享是培养孩子们友谊、合作和社交技能的关键环节。孩子们可以学会与他人分享玩具、食物和经验，从而培养出慷慨、乐于助人和关心他人的品质。故事中，鲁拉鲁先生通过分享他的院子，不仅收获了快乐，还结识了许多动物朋友。通过共同阅读和交流，我们可以进一步深化对分享的理解和认识，向孩子们传达分享的重要性，并鼓励他们在日常生活中乐于与他人分享。

问题设计

1. **故事话题导入**

故事中鲁拉鲁先生为什么十分爱惜他的院子？

2. **体会感受型问题**

（1）鲁拉鲁先生在院子里看到了鳄鱼，他是什么样的心情？

（2）故事最后，鲁拉鲁先生为什么觉得他的院子让他很骄傲？

3. **换位思考型问题**

（1）如果你是鲁拉鲁先生，你是否愿意让别的小动物到院子里来？

（2）如果你是鳄鱼，你会如何和鲁拉鲁先生沟通？

4. **关怀性思考型问题**

如果人们都不分享，你认为生活会变得如何？

5. **生活经验型问题**

（1）生活中，你有收到过别人分享的让你特别开心的东西吗？

（2）你曾经和别人分享过什么东西吗？分享完后，你是怎样的心情？

讨论主题：如何保持热爱？

绘本：《艾玛画画》

作者：［美］温迪·凯塞尔曼 文，［美］芭芭拉·库尼 图，柯倩华 译

出版单位：河北教育出版社

出版时间：2008年

艾玛老奶奶和她的猫"南瓜籽儿"一起生活着,虽然她的儿女们偶尔会回来看望她,但大多数时候她还是感觉很寂寞,这时候她就会想念自己长大的那个小村庄。

在她七十二岁生日的时候,她的儿女们送给她一幅故乡村庄的画,可是,艾玛觉得画中的小村庄和她记忆中的完全不一样。最终,她决定自己动笔,把记忆中的小村庄画下来,而她的画也得到了孩子们的赞赏。

从此,艾玛一直画个不停,她画景色、画花鸟、画"南瓜籽儿",画了一幅又一幅,后来许多人慕名而来看她的画。艾玛每天都画画,她已经完成了几百幅画,她不再孤独了。

活动目标

很多人都会有自己想要做和喜欢做的事,有些人因为热爱长期坚持,有些人因为一些困难选择了放弃,有些人甚至只是停留于"想",而没有真正去"做"。故事中独自生活的艾玛奶奶因为想念记忆中故乡的小村庄,在年老的时候,她毅然决然拿起了画笔,因为热爱,每天坚持画画,日子过得充实美好。通过共读与讨论,探讨画画对艾玛奶奶的意义,进一步思考"热爱"与"坚持"会为我们的生活带来什么。

问题设计

1. 故事话题导入

(1)故事里的艾玛奶奶是不是一位画家?

(2)你喜欢艾玛奶奶吗?说说你的理由。

2. 体会感受型问题

（1）是什么原因让艾玛奶奶拿定主意开始画画的？

（2）当家人偶然发现艾玛奶奶画的小村庄时，为什么艾玛奶奶想要把画收进柜子里？

（3）艾玛奶奶完成了几百幅画后，家里到处都挂满了她的画，这时候她又是什么心情？

3. 换位思考型问题

如果你是艾玛奶奶，你会这样坚持每天都画画吗？

4. 关怀性思考型问题

（1）艾玛奶奶什么时候感到寂寞？什么时候感到快乐？

（2）从什么时候开始，艾玛奶奶再也不寂寞了？

5. 生活经验型问题

（1）你的爷爷奶奶或者外公外婆喜欢做些什么事？

（2）你有什么特别喜欢或者一直在坚持的爱好吗？做这些事会让你感觉快乐吗？

第三节　思维拓展

讨论主题：了不起的是什么？

绘本：《山姆和大卫去挖洞》

作者：［美］麦克·巴内特　文，［美］乔恩·克拉森　图，杨玲玲、彭懿　译

出版单位：明天出版社

出版时间：2014 年

内容简介

一个晴朗的星期一，山姆和大卫带着小狗相约去挖洞，他们约定要一直挖，直到找到了不起的东西。

他们挖啊挖啊……洞越来越深，他们的头顶都已经在地底下了，还是没有找到什么了不起的东西。大卫说："我们要继续往下挖。"于是，他们继续往下挖。藏在地下的一颗颗大宝石离他们越来越近，小狗嗅到了宝石，试着提醒他们俩……可是每当靠近宝石时，山姆和大卫就会改变挖洞的方向。就这样，两个男孩一次又一次与宝石失之交臂。

最后，山姆和大卫累得睡着了，嗅到骨头的小狗继续往下挖，结果挖穿了土层，瞬间大家一起往下掉……最后他们落到了软软的泥地上，山姆和大卫不约而同地说道："真是了不起。"然后，他们就走回家，喝巧克力牛奶、吃动物饼干去了。

活动目标

这是一本淘气又好玩的绘本，认真执着的山姆和大卫让人忍俊不禁。绘本里的山姆和大卫最终没能挖到一件了不起的东西，但两个人却依然很开心、很满足。通过共读绘本，让孩子们讨论山姆和大卫所说的"真是了不起"意义所指，并对照书前书后不同的环境思考探究文本的秘密，启发孩子们理解抽象概念的同时，引导他们打开探寻"了不起的"想象世界的一扇窗。

问题设计

1. 故事话题导入

你喜欢这个故事吗？它让你感到开心还是遗憾？

2. 体会感受型问题

（1）小狗每次提醒山姆和大卫附近有大宝石时，他们都会完美错过，请仔细观察小狗的表情，你觉得它想说些什么？

（2）山姆和大卫最终什么也没挖到，为什么还那么高兴？

3. 换位思考型问题

如果你是山姆或大卫，知道了错失宝石的真相还会那么高兴吗？

4. 思维拓展型问题

（1）小狗为了得到骨头挖穿了土层，他们掉落的地方究竟是哪里？

（2）书前书后的两个地方环境有什么不同？为什么如此接近？

（3）他们穿越的究竟是什么洞？

（4）故事最后，山姆和大卫不约而同地说出"真是了不起"指的是什么？

5. 生活经验型问题

（1）在生活中，你曾经错过些什么？同时又得到了什么？

（2）你觉得生活中了不起的是什么？

讨论主题：出乎想象的是什么？

绘本：《下怪蛋的鸡》

作者：[奥]汉斯·雅尼什 文，[奥]瓦尔特·施莫格内
图，时翔 译

出版单位：电子工业出版社

出版时间：2014 年

内容简介

从前，有一只母鸡吞了自己的影子。然后它一连三天都只下黑色的蛋。出乎想象的是，接下来它下的蛋越来越奇怪……

在雾气笼罩的清晨，它飞向天空，下了三小朵灰色的云。后来几天，母鸡又生下了足球蛋、黄苹果蛋。农夫以为母鸡生病了，就带它去看兽医。结果兽医没有检查出它有任何异常。回家的第二天，母鸡又下了闪亮的灯泡蛋，农夫觉得自己养的这只母鸡不一般，就带它去了电视台，想把它变成明星鸡。可是，面对镜头，母鸡却下了一只普普通通的白鸡蛋。

最后，失望的农夫只好把母鸡带回了家，并扬言要把它做成下酒菜。晚上，失眠的农夫仰望着群星闪耀的星空若有所思，当他来到鸡窝旁，发现里面竟然有三颗闪耀的星星。农夫轻轻拍着熟睡的母鸡，一股骄傲感油然而生。

活动目标

这是一本充满童趣和想象力的绘本，每翻开一页都能带来出乎意料的惊奇。这只会下怪蛋的母鸡总是一副好奇心满满的样子，它不喜欢待在鸡窝里，而是喜欢到处去发现新奇的事物，并产下奇奇怪怪的蛋。通过共读绘本，与孩子们讨论下怪蛋的鸡神奇而跌宕的经历，在充满奇思异想的画面中，激发孩子们打破常规思维，在绘本营造的场景里尽情驰骋想象力。

问题设计

1. 故事话题导入

（1）你想拥有一只下怪蛋的鸡吗？

（2）你觉得它的主人对它怎么样？

2. 体会感受型问题

（1）为什么母鸡到了镜头前却生不出奇怪的蛋了？

（2）故事的最后，原本生气的主人为什么突然对母鸡改变了态度，以它为傲了呢？

3. 换位思考型问题

（1）如果你是这只母鸡的主人，你会想让所有人都知道它的神奇，让它成为明星鸡吗？

（2）如果你是这只母鸡的主人，你的母鸡在所有人面前只会下普通的蛋，大家都说你骗人，你会是什么感受？

（3）你会像书里的主人一样，最终接纳这只母鸡并以它为傲吗？

4. 思维拓展型问题

（1）仔细观察绘本，母鸡下了哪些奇怪的蛋？

（2）书前和书后，这只母鸡有哪些奇怪的变形？你还能想出哪些更为奇怪的变形鸡？

（3）在书的最后，作者又画了很多奇怪的蛋，你还能想出哪些奇怪的蛋？

5. 生活经验型问题

（1）在生活中，你曾遇到过哪些惊奇的、让你出乎意料的情景？

（2）这本书一定让你脑洞大开，你想创作一幅关于什么的奇怪画面？

讨论主题：不同寻常的是什么？

绘本：《三只小猪》

作者：［美］大卫·威斯纳　文/图，彭懿　译

出版单位：希望出版社

出版时间：2016 年

从前，有三只小猪离开家，去外面闯天下。第一只小猪用稻草盖了一座房子，第二只小猪用树枝盖了一座房子，第三只小猪用砖头盖了一座房子。

一只狼悄悄跟在三只小猪的后面，来到了第一只小猪的房子前，使劲一吹，稻草房子倒了，不同寻常的是，小猪被吹到了故事之外！狼又来到第二只小猪的房子前，同样把小猪吹到了故事之外！于是三只小猪在故事外汇合后决定出发去探险。他们来到了《鹅妈妈童谣》的故事里，之后又闯进了《武士屠龙》的故事中，没想到"客串"过后，小猫和巨龙也都跟着走出了他们自己原来的故事。

最后，三只小猪、小猫和巨龙决定回到《三只小猪》的故事里，他们一起赶走了正在吹第三座房子的大灰狼，从此过上了幸福的生活。

活动目标

这是一个关于《三只小猪》的经典童话故事，却与我们熟知的故事有所不同。绘本里的三只小猪竟逃到了故事之外，经过一番探险之后，又与新伙伴们一起回到了原来的故事之中。通过共读绘本，与孩子们讨论三只小猪不同寻常的探险经历，鼓励他们打破常规，跳出模板化思维，充分发挥自己的想象力和创造力，不断探索和追求新的事物、新的可能。

问题设计

1. 故事话题导入

你知道《三只小猪》的故事吗？这次的故事与你知道的有什么不同？

2. 体会感受型问题

（1）三只小猪碰到大灰狼是什么心情？

（2）三只小猪发现被吹到故事之外后，又是什么心情？

（3）最后三只小猪回到自己的故事里，心情有什么变化？

3. 换位思考型问题

如果你是三只小猪，还会回到原来的故事里吗？

4. 思维拓展型问题

（1）小猫走出画面后，原先所在的故事接下去会发生什么？

（2）巨龙所在的故事又会发生什么？

（3）如果你是三只小猪中的一员，还想去哪个故事里探险？

（4）如果请你来编一编《三只小猪》接下去的故事，你会怎么编？

5. 生活经验型问题

你读到过什么意想不到的、不同寻常的故事吗？愿意与大家分享一下这个故事吗？

讨论主题："转变"是什么？

绘本：《先有蛋》

作者：［美］劳拉·瓦卡罗·希格　文/图，大麦　译

出版单位：二十一世纪出版社

出版时间：2015 年

内容简介

这是一本关于转变的绘本。绘本的封面是一颗大大的蛋，封底是一只小小的鸡。翻开绘本，转变就开始了。

　　第一页是明亮的黄色背景上只有"先有"两个字；第二页橙色的背景上只有一个字"蛋"，另外有一个镂空的洞洞，通过书中的洞洞，我们可以看出是一只鸡蛋；第三页是棕色的底色上一只破壳而出的小鸡；第四页是一只大大的鸡。简单的四页纸，完成了一个转变。故事继续，然后是蝌蚪、种子和颜料的转变，最后所有的事物集合在一幅美丽的图画之上。但是，事物的转变还在继续。

　　精心设计的"洞洞"在不同的场景千变万化，吸引小朋友们的注意。简单的文字搭配富有创意的"洞洞"，让绘本变得好玩又有趣。

活动目标

　　先有鸡还是先有蛋是一个古老的哲学问题。《先有蛋》并不是想要解读这个哲学问题，而是通过蛋到鸡，鸡到蛋，让孩子们感受到转变的力量。通过对绘本的共读和讨论，让孩子们看到了事物之间的转变和联系，从而打开时间和空间的限制，激发他们去发现和探寻世界的千变万化。

问题设计

1. **故事话题导入**

（1）故事中出现了几次转变？分别是什么？

（2）故事中每次转变的时候，绘本背景色都是如何变化的？

2. **体会感受型问题**

（1）你觉得毛毛虫发现自己变成了蝴蝶，心里会想什么呢？

（2）书中所有的变化，你喜欢哪个转变？为什么？

3. **换位思考型问题**

（1）作者为什么把书名写成"先有"？她是不是忘记写完整了？

（2）书里面有很多小洞洞，作者设计这些洞洞是为了什么呢？

4. 思维拓展型问题

（1）你觉得先有蛋还是先有鸡？

（2）这本书里藏了一些"阅读"的小秘密，你发现了吗？

（3）每一个事物的转变可能会引发一个个精彩的小故事，你能分享一个关于"转变"的小故事吗？

5. 生活经验型问题

你还知道生活中有哪些奇妙的转变呢？

讨论主题："未知"是什么？

绘本：《看，书中间有堵墙！》

作者：[美]乔恩·艾吉 文/图，柳漾 译

出版单位：广西师范大学出版社

出版时间：2019 年

内容简介

一堵墙把书分成了两个世界：左边是小男孩的世界，右边是他未知的世界。小男孩一直认为这堵墙很好，让他生活在了一个安全的世界中。右边的世界里，有老虎、犀牛、猩猩，还有可怕的食人怪。

有一天，墙上掉下了一小块砖。小男孩拿来了梯子，准备把墙补好。小男孩架起了梯子，准备爬上墙。左边的世界中慢慢有水涌入，小男孩慢慢往上爬着梯子，浑然不知水越来越深。左边的世界中，不仅水越来越深，又有鳄鱼闯了进来。当小男孩发现危险时，已经来不及了。他掉进了水中。这时，右边世界的食人怪把他救了起来。小男

孩来到了另一边的世界。小男孩以为食人怪会吃掉自己，没想到他是一个善良的食人怪。他带着小男孩一起逛起了右边的世界。

左边的世界中，来了一群小鱼，又来了一条大鱼。大鱼吃小鱼，大大鱼吃大鱼。右边的世界中，小男孩和另一个世界中的动物们玩得不亦乐乎。

活动目标

故事中的小男孩喜欢书中的墙，这让他感觉到安心和舒适。因为他一直认为墙的另一边是一个危险的世界。因为意外，小男孩来到了墙的另一边。这里和他想象的不一样，食人怪不仅没有吃掉他，反而和他一起玩耍。而自认为安全的世界，突然被海水淹没，相继出现了鳄鱼、食人鱼……通过对绘本的共读和讨论，和小朋友们一起观察墙左右世界的不同变化，讨论生活中的舒适区和新环境，思考面对未知新环境，自己该如何迎接挑战。

问题设计

1. 故事话题导入

（1）你觉得书中有这堵墙是好事还是坏事？

（2）已知的左边世界和未知的右边世界你喜欢哪个？

2. 体会感受型问题

（1）为什么小男孩会觉得左边的世界是安全的？

（2）为什么小男孩会觉得右边的世界是危险的？

（3）小男孩来到右边的世界时，有怎样的感受？

3. 换位思考型问题

（1）如果你是故事中的小男孩，见到可怕的食人怪，你会怎么做？

（2）如果你是食人怪，你会怎样对待小男孩呢？

4. 思维拓展型问题

（1）故事中出现了很多动物，有没有让你联想到以前看过的其他绘本中的动物？

（2）小老鼠是怎么从墙的左边到了墙的右边？

（3）为什么小老鼠来到右边世界之后，右边世界的犀牛、老虎和大猩猩都逃跑了？

（4）小男孩在左边熟悉的世界和右边未知的世界时，有哪些不同的表现？

5. 生活经验型问题

（1）你觉得生活中哪里是最安全的？

（2）生活中，如果你来到了一个完全陌生的环境，你会怎么做呢？

讨论主题：“真相”是什么？

绘本：《这是苹果吗也许是吧》

作者：［日］吉竹伸介　著，毛丹青　译

出版单位：甘肃少年儿童出版社

出版时间：2019 年

内容简介

有一天，一个小男孩放学回家，看到桌上放了一个苹果。他突发奇想，也许……这不是一个苹果。

也许里面装了葡萄果冻，也许是一条卷成一团的红色的鱼，也许是某种东西的蛋；把它种到土里，说不定会长成一座很大的房子；再也许，它是从宇宙坠落的小星星，仔细看看表面，还会发现很多外星人；不过，它为什么会来这里呢？小男孩想，也许是妈妈从超市买回来的，也许在来小男孩的家之前，它去过很多地方，碰到过很多事情；那接下来，又会发生什么事情呢？干脆尝一口，不知道会是什么味道？不过……也许……这就是一个普普通通的苹果……

不知不觉，小男孩的肚子好像饿了，他终于忍不住咬了一口。嗯……也许，可以说，这是一个好吃的苹果。

活动目标

一个普通的苹果看上去似乎并不普通。绘本里的小男孩对他看到的"苹果"提出了疑问，随之产生了很多的联想和想象，最后他"咬了一口"，确认了这是一个好吃的苹果。通过共读与讨论，让孩子们打开强大的脑洞，在提出疑问的同时，大胆说出自己的猜想，并引导他们用实践去寻找真相。

问题设计

1. 故事话题导入

绘本中的小男孩对一个苹果产生了很多想象，你对哪些东西产生过想象？

2. 换位思考型问题

如果你是小男孩，会用什么方式确认它是不是一个普通的苹果？

3. 思维拓展型问题

（1）发挥你的想象，这个苹果也许还会是什么？

（2）接下来，这个苹果会怎么样呢？

（3）被小男孩吃掉后，它还是个苹果吗？

4. 关怀性思考型问题

（1）你看到的就一定是真的吗？

（2）你认为"真相"是什么？

5. 生活经验型问题

（1）你有没有对一个东西或一件事情提出过疑问？

（2）如果有疑问，你会用什么方法寻找答案？

讨论主题："创造"是什么？

绘本：《爷爷一定有办法》

作者：［加拿大］菲比·吉尔曼　文/图，宋珮　译

出版单位：明天出版社

出版时间：2008 年

内容简介

当约瑟还是娃娃的时候，爷爷为他缝了一条奇妙的毯子。毯子又舒服又保暖，还可以把噩梦通通赶跑。可是有一天，妈妈说这个毯子已经又破又旧了，要把它丢掉。

约瑟说："爷爷一定有办法。"于是，约瑟去找爷爷帮忙，在爷爷的剪刀和针线下，神奇的毯子变成了奇妙的外套。随着约瑟渐渐长大，小毯子陆续又变成了背心、领带和手帕，约瑟外出游玩、上学、走亲访友、收集小石头都有它们的陪伴。最后，毯子变成了一颗奇妙的纽扣，用来固定约瑟的裤子。

有一天，纽扣也不见了，爷爷也不能无中生有，这时候，约瑟学着爷爷的样子说："这些材料还够……"虽然没有了布料，但是约瑟用这些经历创作了一个神奇的故事。如果仔细观察，还可以发现小老鼠一家也有奇妙的故事在发生呢。

活动目标

这是一本奇妙又温暖的绘本，爷爷的奇思妙想和约瑟的"无中生有"让人兴奋不已。绘本里的爷爷为孩子创造了充满爱的物品，最后虽然纽扣丢失了，但它并没有消失，而是变成了另一种美好的存在。通过绘本共读，让孩子们讨论"创造"的意义，并对照约瑟一家和小老鼠一家的创造，引导孩子们放飞想象力，用奇思妙想叩开创造美好的大门。

问题设计

1. 故事话题导入

你喜欢这个故事吗？这个故事最吸引你的是什么？

2. 体会感受型问题

（1）当约瑟拿着旧毯子去找爷爷时，爷爷心里在想什么？

（2）当约瑟用改造小毯子的经历创造了一个奇妙的故事时，爷爷又在想些什么？

3. 换位思考型问题

（1）如果你是约瑟，当小毯子破旧了，你会如何做？

（2）如果你是爷爷，当约瑟拿着破旧的小毯子来找你时，你会怎么处理小毯子？

4. 思维拓展型问题

（1）故事中神奇的小毯子都被再创造成了什么？

（2）小老鼠用的布料是哪里来的？他们还创造了哪些东西？

（3）如果让你来创造一个关于"创造"的故事，你会写一个怎样的故事？

5. 生活经验型问题

仔细观察，想一想，在你的家里还有哪些可以废物再利用的创造？

讨论主题："创意"是什么？

绘本：《一样，不一样?》

作者：[法] 玛丽·多莱昂 文/图，胡小跃 译

出版单位：河北教育出版社

出版时间：2019 年

内容简介

一个商人在广场上不知疲倦地叫卖："卖金色纽扣、非洲地毯、网球拍、羊毛袜子、多肉植物、连衣裙、洗衣机、咖啡杯、香肠串儿、防雨帽、吸尘器、电熨斗、漏勺……"可是没有一个人停下脚步看。

有一天，火热的太阳晒得他头脑发晕，他开始乱喊："卖泡泡浴漏勺、咖啡鞋、帽子口袋……"路人们激动万分，纷纷朝这个商人跑去。于是大家有了一些不一样的东西，鞋子咖啡杯、独轮车沙发、帽子花盆、香肠跳绳……只是不是那么的舒适。渐渐地，一切都乱了套。

直到有一天，另一个商人在对面货架前喊道："卖喝茶的壶、煮

菜的锅、防雨的伞、扫地的扫帚……"路人们一听，都惊讶地转过身来说："这是多么奇妙的发明呀！"

活动目标

这是一本充满童趣的绘本，被晒晕了的商人的叫卖还有路人无厘头的行为让人忍俊不禁。绘本里的路人一开始对自己已经拥有的普通东西并不感兴趣，经过商人的胡乱叫卖，纷纷又冲去购买原来不感兴趣的东西。通过共读绘本，让孩子们讨论书中的"一样"和"不一样"，在天马行空的思想中、欢笑中体会创新的乐趣。

问题设计

1. 故事话题导入

你喜欢这个故事吗？这个故事让你感到有趣或是担忧吗？

2. 体会感受型问题

（1）路人听到商人头脑发晕后的乱喊，他们那时在想些什么？

（2）商人被太阳晒得头脑发晕时，胡乱叫卖，而路人都纷纷抢购，他当时是什么心情？

3. 换位思考型问题

（1）如果你是商人，不知疲倦地叫卖后，没有一个客人，你会怎么办？

（2）如果你是被邀请到邻居家中喝下午茶的客人，看到鞋子咖啡杯和独轮车沙发，你会想些什么？

4. 思维拓展型问题

（1）商人第一次和第二次的叫卖，有哪些一样和不一样？

（2）你觉得什么是创意？创意能带来什么？

（3）你觉得身边还有哪些可以使用创意的东西？你的创意是什么？

5. 生活经验型问题

你在生活中都遇到过哪些充满创意的东西？你觉得这些东西怎么样？

第四节　心灵疗愈

讨论主题：遇到意外怎么办？

绘本：《子儿，吐吐》

作者：李瑾伦　文 / 图

出版单位：明天出版社

出版时间：2008 年

内容简介

可爱的小猪"胖脸儿"在人群中总能被一下子认出来，因为他的脸实在是太胖了。他最爱说的一句话就是："吃吧，吃吧！"他吃起东西来，总是又快又多。

有一天，他第一个把木瓜吃完，吃得干干净净，连半粒子儿也没吐出来。一开始，"脸胖儿"觉得没什么大不了的，不就是几粒子儿嘛。可是听到大家紧张的讨论后，他开始害怕了。大家都觉得吃了子儿头顶上会长出树！"胖脸儿"担心极了，担心自己头上会长树。但是，很快他脑海里就浮现出自己头上长树的样子，甚至觉得头上长棵树也不错呢！想着想着，"胖脸儿"已经不害怕了，反而开始期待头上能长出木瓜树。

"胖脸儿"满怀希望地等待着第二天的到来，可是结果头上却什么也没有长出来。最后，他在便便里意外地发现了黑黑的小圆粒的木瓜子儿。他盯着子儿瞧了好一会儿，终于狠下心，把它们一一冲走了。他安慰自己说："也好，万一长出来的木瓜不好吃，反而糟糕咧。"

活动目标

小朋友们在生活中常常会遇到想不到的"意外"，尤其是面对糟糕的"意外"，会让他们变得信心不足或焦虑不安。绘本里"胖脸儿"天马行空的奇思妙想与故事最后想法破灭的安之若素，都会打破小朋友对"意外"原有的认知。通过共读与讨论，让小朋友们进一步敞开心扉，传递并感受乐观豁达的思维能量。

问题设计

1. 故事话题导入

你认为故事中的"胖脸儿"是个怎样的小朋友？你喜欢他吗？

2. 体会感受型问题

（1）"胖脸儿"刚发现把木瓜子儿吃到肚子里时，他是什么心情？

（2）"胖脸儿"后来接受了子儿在肚子里的事实，心情有什么变化吗？

（3）"胖脸儿"最后头上没能长出木瓜树，又是什么样的心情？

3. 换位思考型问题

（1）如果你是"胖脸儿"，吃下了木瓜子儿会是什么心情？

（2）如果你是"胖脸儿"的同学，会怎么看头上长木瓜树的"胖脸儿"?

4. 关怀性思考型问题

（1）你认为"意外"是什么？

（2）你遇到过哪些意外？当时，你是什么心情？

5. 生活经验型问题

（1）如果生活中没有任何一点点"意外"，你认为是好事吗？

（2）如果以后遇到了一些不好的小意外，你会怎么办？

讨论主题：遇到不幸怎么办？

绘本：《幸运的内德》

作者：[美] 雷米·查利普　文/图，蒲蒲兰　译

出版单位：二十一世纪出版社

出版时间：2012 年

绘本：《幸运先生和不幸女士》

作者：[德] 安东尼·施奈德　文，[德] 苏珊·斯特拉波尔

　　　图，李沁怡　译

出版单位：外语教学与研究出版社

出版时间：2013 年

内容简介

《幸运的内德》

内德接到了好伙伴的生日邀请，这是一个神秘派对，他好高兴啊！但真是倒霉！他的这位伙伴住在遥远的佛罗里达，怎么去呢？很

幸运的是，有一个朋友借给了他一架飞机，他开着飞机出发了！但倒霉接踵而来，飞机没开多久就爆炸了！好在，他找到了降落伞包！但降落伞打开时上面竟然有个洞，这也太倒霉了吧！

内德一点点往下掉，幸运的是他降落的地上有个大草堆。是不是又该有倒霉的事发生了？对！草堆上竖着一把大钢叉！幸好，他没有掉到钢叉上，而是掉到了水里！可是，水里游来一群大鲨鱼，成群结队地追赶他！内德是否能摆脱倒霉的纠缠成功逃脱呢？他成功了，内德会游泳，但当他爬上岸时，凶猛的老虎集体向他扑来。幸运再次降临，他找到了一个地洞！

内德挖呀挖呀挖呀，从一个洞口挖出去时，看到一群人正在开晚会，仔细一看这正是他伙伴的生日晚会。一切都是刚刚好，内德真是幸运啊！

《幸运先生和不幸女士》

不幸女士的隔壁搬来了一位新邻居——幸运先生，他的到来打扰了不幸女士灰暗且一成不变的生活。每天，幸运先生都会积极乐观地对待身边的一切事物，无论白天黑夜或是刮风下雨，他都用心经营着自己的生活。他开心地在院子挖土、种树、修剪草坪和灌木，幸福地感叹着生活是如此美好！

一天，幸运先生去拜访邻居不幸女士，却被她拒之门外，不幸女士依然想继续过着压抑暗淡的生活。虽然不幸女士拒绝了与幸运先生的沟通，却又偷偷窥视着幸运先生的生活，她总觉得自己的房子有些不对劲。

幸运先生发现了不幸女士的目光，他友好地向不幸女士挥手致意，并把手中的种子随着风撒向了不幸女士的花园里。没过多久，这些神奇的种子在不幸女士的花园里越长越大，越长越壮。这时，不幸女士才发现，她和幸运先生的房子后面长出一棵巨大的向日葵，已经把他们的房子紧紧地挨在了一起，满满的幸福感将不幸女士包裹了起来。

活动目标

绘本《幸运的内德》中，内德的历险之旅就是一场幸运和倒霉频频交错的旅行，孩子们可以在无限反转中品味幸运与倒霉的一线之差。绘本用有规律的重复和强烈的冲突，激发孩子们去思考"幸运与不幸"。绘本《幸运先生和不幸女士》中，幸运先生将自己的幸运和快乐传递给邻居不幸女士，让她感受到了"幸福"。通过对比阅读，引导孩子们思考两本绘本中"倒霉"与"幸运"间的相互转化，引导他们去探寻将"不幸"转换成"幸运"的密码，感受幸福的意义。

问题设计

1. 故事话题导入

（1）在封面上你看到了什么？

（2）作者为什么会给故事起名为《幸运的内德》？

（3）你觉得这两个故事怎么样？

2. 体会感受型问题

（1）你觉得内德幸运还是不幸运？

（2）为什么内德是幸运的？

（3）幸运先生为什么幸运，不幸女士为什么不幸运？

3. 换位思考型问题

（1）你想拥有一次和内德一样的历险旅行吗？

（2）如果你是内德，遇到绘本中倒霉的事情你会怎么摆脱困难？

4. 矛盾冲突型问题

（1）遇到倒霉的事情就会一直倒霉吗？

（2）幸运仅仅是意外得到的好运吗？

5. 生活经验型问题

（1）分享一下生活中幸运的事情。

（2）如果我们遇到了不幸运，该怎么办呢？

讨论主题：遇到紧张的事怎么办？

绘本：《最可怕的一天》

作者：汤姆牛　文/图

出版单位：北京联合出版公司

出版时间：2013 年

内容简介

小女孩玲玲躺在被窝里怎么也睡不着，因为明天将要发生可怕的大事。明天会怎样？会火山喷发？会海啸来袭？会世界大战？会把她关进有很多眼睛的黑屋子里？还是她会被一群群怪兽吃掉？玲玲胡思乱想了一整夜，感觉自己的世界末日要来了。

明天还是来了，原来玲玲要在全班同学面前作报告《我的志愿》。轮到玲玲上台演讲了，可她心跳加速、全身发烫、呼吸困难，先是摔了一跤，然后头脑一片空白——忘词了。虽然最后玲玲结结巴巴地讲完了，但还是在同学们的嘲笑声中走下了讲台，她觉得今天真是最糟糕的一天。

一转眼三十年过去了，玲玲实现了梦想，成了有名的建筑设计师，当她上台发表获奖感言的时候，她依然心跳加速、全身发烫、呼吸困难，下台的时候连鞋子都差点儿掉了，可是玲玲却觉得今天真是最美好的一天。

活动目标

紧张是人的普遍心理，是不可避免的情绪。很多人都会像故事中的玲玲一样，遇到上台演讲、表演节目、当众发言等情况时，或多或少都会有紧张的情绪，只是孩子们更容易把这种紧张的情绪扩大化，变成最可怕的"世界末日"。通过共读绘本，与孩子们讨论书中让玲玲紧张的可怕"大烦恼"，因为她的不断努力最终实现了人生目标，将"糟糕的一天"变成了"美好的一天"，从而启发孩子们思考如何面对自己的紧张情绪。

问题设计

1. **故事话题导入**

玲玲为什么觉得明天是"最可怕的一天"？

2. **体会感受型问题**

（1）玲玲紧张的时候感觉心跳加速、全身发烫、呼吸困难。除了这些，紧张的时候还会有什么表现呢？

（2）小时候的玲玲，上台发言那天是她"最糟糕的一天"，这是为什么？

（3）长大后的玲玲，上台发言那天却成了她"最美好的一天"，又是为什么？

3. **换位思考型问题**

（1）玲玲觉得上台演讲是"天大的事"，你觉得呢？

（2）如果你明天要上台演讲了，你会做些什么准备？

4. 关怀性思考型问题

（1）你觉得这个世界上有没有从来都不会紧张的人呢？

（2）紧张的时候，你最希望谁陪伴着你？

5. 生活经验型问题

（1）有没有什么事情会让你觉得特别紧张？你是怎么面对的?

（2）分享一下自己既紧张但又最美好、最幸福的事情。

讨论主题：遇到不开心的事怎么办？

绘本:《爱哭公主》

作者：赖马　文 / 图

出版单位：河北教育出版社

出版时间：2016 年

内容简介

　　爱咪公主是一个很可爱的小女生，可是，她常常会为一点小事就哭，所以大家都叫她爱哭公主。今天，爱哭公主又一路哭着回家了。妈妈安慰她，准备为她即将到来的生日办一个粉红色派对。

　　生日派对在花园里举行，大家热热闹闹地布置着粉红色的派对。突然，一个黄色的气球出现在了派对上，爱哭公主突然大哭起来。粉红色的派对上不能有黄色气球。爱哭公主坐着哭，躺着哭，趴着哭；哭得一发不可收拾，点心、蛋糕、饮料全弄到了她美丽的礼服上。朋友们见状赶紧跑。妈妈温柔地安慰着她，教了她一个神奇的不哭咒语。爱哭公主决定再办一个黄色派对。

黄色派对上所有的东西都是黄色的。派对开始,一顶蓝色的帽子出现在了黄色的树上,爱哭公主大叫一声。朋友们以为爱哭公主又要哭了。爱哭公主想起了妈妈为她准备的特制黄色眼镜。戴上这个眼镜,不管看什么,都是黄色的。这一次,爱哭公主没有哭,她说:"下次我们举办一次蓝色派对。"从此以后,朋友们又都叫她爱咪公主了。

> **活动目标**

"公主病"、挫折忍受力低、情绪控制力弱是孩子成长中最常见的问题。绘本中的爱哭公主就是这样一个孩子。她的眼中容不下一粒沙子,她会因为一点小事而号啕大哭。通过对绘本的共读和讨论,与小朋友们一起感受爱哭公主前后不一样的变化,思考如果自己遇到不开心的事情,怎样做才能更有效地缓解这些情绪。

> **问题设计**

1. 故事话题导入

(1)为什么大家把爱咪公主叫作爱哭公主?

(2)你觉得爱哭公主是个怎样的人?

2. 体会感受型问题

(1)在粉色派对上,爱哭公主看到黄色气球时,是什么样的心情?

(2)在粉色派对上,爱哭公主的朋友们看到她大哭时,会想些什么?

(3)在黄色派对上,当朋友们看到爱哭公主没有哭时,他们的心情是怎样的?

3. 换位思考型问题

（1）如果你是爱哭公主，什么事情会让你哭？

（2）如果你是爱哭公主的朋友，她哭了，你会怎么做？

4. 关怀性思考型问题

（1）你认为哭是因为什么？

（2）你觉得哭是一种怎样的心情呢？

5. 生活经验型问题

（1）生活中，你会因为什么事情哭？

（2）生活中，遇到不开心的事情怎么办？

讨论主题：遇到担心的事怎么办？

绘本：《我好担心》

作者：[美]凯文·亨克斯　文/图，方素珍　译

出版单位：河北教育出版社

出版时间：2009 年

内容简介

　　小莉是一只老鼠，她有许多担心。她每日每夜、无时无刻不在担心，担心爸妈突然不见了，担心院子前的树会倒在屋顶上，还担心游乐设施的安全问题。现在，去新学校又成了她的一个新担心。尽管爸爸妈妈和奶奶不停地安慰她，但她还是忍不住要担心，担心老师会故意找她麻烦，甚至担心小朋友会拿她的名字开玩笑。为了缓解情绪，小莉会搓布娃娃小花瓣儿的耳朵。

　　上课时，老师给小莉介绍了一个同样穿着条纹衫、手里抱着布娃

娃的新朋友小玉。不知不觉中小莉和小玉的距离从远远分开、相互偷看到越来越近，她们发现彼此好多的共同点，她们开始一起搭积木、一起滑滑梯、一起打鼓。渐渐地，小莉发现自己和布娃娃在一起的时间变短了，自己的担心也越来越少了。

　　很快到了放学时间，小莉站在教室门口向老师挥手道别，并自信而坚定地笑着说："我一定会回来，不要担心！"她的声音充满了自信和力量。

活动目标

　　绘本《我好担心》描述了老鼠小莉的生活情境，展示了她的不安和担心。在家人的安慰下，她的担心并未消除，而且随着她即将进入幼儿园，她的担心反而更加严重。然而，通过在学校与朋友的交流和互动，小莉逐渐克服了她的担心。通过与孩子们一起阅读绘本并讨论小莉从担心到放松的情绪变化过程，引导孩子们说出自己在生活中的困惑、疑虑和担心，让他们放开胸怀去感受情绪，获得切身的体验，思考今后该如何面对生活中的"担心"。

问题设计

　　1. 故事话题导入

　　（1）数一数封面上有几种颜色的圈圈？

　　（2）你觉得小老鼠现在是什么心情呢？

　　2. 体会感受型问题

　　（1）"你担心太多了！""不要担心！"当小莉听到爸爸妈妈这样的回复时是怎样的心情？

（2）放学了，小莉转身向老师挥手告别时，又是怎样的心情？

3. 换位思考型问题

（1）如果你是小莉，你会担心院子前的树倒在自己家的屋顶上吗？为什么？

（2）如果你是小莉的同学，你发现紧张担心的小莉时会主动去安慰她吗？

4. 关怀性思考型问题

（1）说说你觉得小莉的担心是合理的还是过度的？为什么？

（2）你觉得小莉第二天还会去学校吗？为什么？

5. 生活经验型问题

（1）在生活中你也和小莉一样有过一些担心吗？你担心的事情后来怎样了？

（2）在以后的生活中，如果再遇到担心的事，你会怎么做？

讨论主题：遇到愤怒的事怎么办？

绘本：《咬人大王布奇奇》

作者：［美］芭芭拉·波特纳　文，［美］佩吉·拉特曼　图，

　　　漆仰平　译

出版单位：二十一世纪出版社

出版时间：2011 年

内容简介

我妈妈和布奇奇的妈妈是最要好的朋友，布奇奇的妈妈经常会带布奇奇来我们家玩。妈妈们以为我们玩得很愉快，总是创造让我们在

一起玩的机会，但其实布奇奇非常霸道，我们玩得并不愉快。我告诉妈妈我不爱跟布奇奇玩，可妈妈对我说，要学会和各种各样的人相处。

一天早上，妈妈告诉我布奇奇要来我们家住了，因为她的爸爸妈妈要去芝加哥。我害怕极了，想象着霸道的布奇奇来到家后的种种可怕场景。最终，我忍不住向妈妈大喊出了对布奇奇夹杂着愤怒的恐惧。妈妈吃了一惊，教我要勇敢地拒绝布奇奇的"咬人恐龙游戏"。我回到自己房间，想好了一个回击布奇奇的新游戏。

第二天，布奇奇的爸爸妈妈把她送到了我们家。我在自己精心布置的房间里向她展示了灯影下巨大的"恐龙"，布奇奇吓得跑出家门，坚持跟着爸爸妈妈去了芝加哥。而我的生活也回归了平静，不用再担心咬人大王布奇奇了。

活动目标

咬人大王布奇奇是个霸道的小女孩，频频被她欺负的"我"最终成功地用知识做出了回击，用科学战胜了霸道。孩子的世界总是会发生许多的小摩擦，作为大人的我们不可能永远充当他们的保护伞，如果被别的小朋友欺负了该怎么办？怎么做才是明智之举？通过共读绘本，与孩子们讨论解决矛盾冲突的各种方法，引导他们遇到问题学会独立思考，把愤怒转化为积极的力量，用积极的态度去寻找维护尊严的办法。

问题设计

1. 故事话题导入

（1）你喜欢布奇奇吗？

（2）你觉得布奇奇会有朋友吗？

2. 体会感受型问题

（1）当布奇奇撕毁"我"的书，又踢翻"我"的宠物蜥蜴，还恐吓"我"明天就会变成一只蠕虫，"我"的感受是什么？

（2）故事的最后，"我"用蜥蜴"大块头"制造的灯影效果吓跑了布奇奇，这时的心情如何？

3. 换位思考型问题

（1）在书中，"我"向妈妈求救过两次，妈妈分别给了什么建议？你怎么看待妈妈的建议？

（2）如果你是书中的"我"，面对欺负人的布奇奇，你会怎么做？

4. 关怀性思考型问题

（1）当你遇到愤怒的事情，你会和谁说吗？

（2）当你遇到愤怒的事情，你会和对方表达你的不开心吗？

5. 生活经验型问题

（1）在生活中，你曾遇到过哪些让你感觉愤怒的事情？

（2）你觉得以暴制暴能解决问题吗？你会有什么更好的办法？

讨论主题：遇到生气的事怎么办？

绘本：《菲菲生气了》

作者：［美］莫莉·卞　文/图，李坤珊　译

出版单位：河北教育出版社

出版时间：2009 年

内容简介

菲菲一个人正在玩玩具，正当她玩得高兴时，姐姐一把抓住了菲

菲的大猩猩玩具。妈妈说，是轮到姐姐玩玩具的时候了。姐姐夺走了菲菲的大猩猩，菲菲跌倒在了玩具卡车上。她非常非常生气。菲菲想把所有的东西都砸掉。菲菲像是一座快要爆发的火山。

　　非常非常生气的菲菲跑出了家门。她跑啊，跑啊，直到再也跑不动了。然后，她哭了一会儿。她看着身边的石头，看看大树，又看看羊齿草。她听见了鸟叫。菲菲来到了老榉树下，爬了上去。她感觉到了微风，看着流水和浪花。广大的世界安慰了她，她爬下老榉树，往家里走……

　　菲菲回到了家，屋子里暖暖的、香香的。看见菲菲回来，每个人都很高兴。一家人围坐在一起玩，菲菲也不再生气了。

活动目标

　　控制和处理情绪是孩子成长过程中不可或缺的一课。绘本中的菲菲在开心、愤怒、沮丧、平静、开心的情绪转变过程中，自己调节了生气的情绪。通过对绘本的共读和讨论，与孩子们一起感受菲菲生气后的情绪变化，回想自己生气时的表现，从而引导孩子们思考如何排解自己的情绪。

问题设计

1. **故事话题导入**

（1）菲菲为什么生气？

（2）菲菲爬上老榉树时，都看到了些什么？

2. **体会感受型问题**

（1）菲菲走出家门时，你觉得菲菲的心情是怎样的？

（2）菲菲回到家时，你觉得菲菲的心情是怎样的？

3. 换位思考型问题

（1）如果你是故事中的菲菲，被姐姐拿走玩具时，你会怎么做？

（2）如果你是故事中的姐姐，轮到你玩玩具，而妹妹没有给你，你会怎么做？

4. 关怀性思考型问题

（1）大自然是如何让菲菲产生情绪变化的？

（2）你觉得生气是一种怎样的心情？

5. 生活经验型问题

（1）生活中，你怎么看发脾气的小朋友？为什么？

（2）生活中，如果遇到特别生气的事情，你会怎么做？

讨论主题：遇到不安的事怎么办？

绘本：《阿文的小毯子》

作者：［美］凯文·亨克斯　文/图，方素珍　译

出版单位：河北教育出版社

出版时间：2007 年

内容简介

有一只叫阿文的小老鼠，他有一条心爱的小毯子。这条小毯子从他很小的时候就一直陪着他，无论他走到哪里去做什么，都要带着这条小毯子。可是爸爸妈妈觉得阿文长大了，不能整天拿着小毯子了，于是想了各种办法让阿文和小毯子分开，却都没有成功。

眼看着就要开学了，爸爸妈妈又开始担心起阿文对小毯子的依赖，在隔壁邻居阿姨的诱导下，爸爸妈妈想要强行让阿文和小毯子分

开，这回阿文哭得好伤心。

最终，妈妈想到了一个好办法，她把小毯子剪成了一块块，亲手给阿文缝制了一条条小手绢儿，阿文好开心啊！这样，阿文无论到哪里都可以带着他心爱的小手绢儿了。

活动目标

在孩子的眼中，世界充满了未知，带给他们不安的感觉，但是爸爸妈妈不可能每时每刻都陪伴在身边，在这个过程中，他们可能会对某个贴身物件产生依赖，通过依赖物来调整自己的心情，缓解不安。通过共读绘本，与孩子一起讨论小毯子对于阿文的重要性，正视"不安"和"依赖"的情绪，进一步思考这些情绪背后真正的需求。

问题设计

1. 故事话题导入

（1）阿文的小毯子是什么颜色的？

（2）你觉得有没有"毛毯小精灵"？

2. 体会感受型问题

（1）阿文马上要开学了，当爸爸妈妈告诉他不能把小毯子带去学校时，你觉得他是什么心情？

（2）小毯子被妈妈做成了小手绢儿，阿文每时每刻都可以带着小手绢儿了，他又会是什么心情呢？

3. 换位思考型问题

（1）阿文的小毯子又旧又破，为什么他还是那么喜欢？

（2）爸爸妈妈为什么想要让阿文离开他的小毯子？

4. 关怀性思考型问题

（1）如果你有一件特别喜欢的东西，爸爸妈妈要把你们分开，你会怎么办？

（2）在你感觉到不安的时候，你最希望爸爸妈妈做些什么？

5. 生活经验型问题

（1）你有没有自己特别喜欢的、一直想要带在身边的东西？它给了你什么感觉？

（2）你觉得大人会有特别喜欢、不想离开的东西吗？

第五节　生命意义

讨论主题：如何看待人生的价值？

绘本：《梦的守护者》

作者：［德］艾文·格奥舍　文，［德］诺尔曼·荣格　图，

王星　译

出版单位：新星出版社

出版时间：2013 年

内容简介

梦的守护者要守护所有人的睡眠。当人们被下雨的噩梦打扰，或者饿得睡不着的时候，梦的守护者就会来帮助他们，为他们带来雨伞或者香草果冻布丁。

有些孩子喜欢在数学课上睡觉，梦的守护者也会来帮助他们，在老师要走进教室时吹哨子叫醒他们。梦的守护者还会指挥管乐队在大

家入睡前演奏音乐，同时也守护管乐队的睡眠。

梦的守护者也会睡觉，谁来守护他的睡眠呢？是那些被梦的守护者守护了睡眠的人！真是太美妙了！

活动目标

孩子们在生活中常常会遇到被守护的时刻，绘本里梦的守护者的工作，会让孩子们去思考身边有谁在守护着我们。尤其是故事的最后，被守护的大家一起去守护梦的守护者的梦，也会让孩子们换位思考，自己去做一名梦的守护者。通过共读与讨论，孩子们将进一步去思考相互守护的意义，去体会彼此相爱的人生价值。

问题设计

1. 故事话题导入

（1）你对梦的守护者的工作感觉有趣吗？

（2）你认为梦的守护者是个怎样的人？你喜欢他吗？

2. 体会感受型问题

（1）当梦的守护者看到大家在他的帮助下有一个很好的睡眠，会是怎样的心情？

（2）故事最后，梦的守护者守护的那些人一起来守护他，他又是什么样的心情呢？

3. 换位思考型问题

（1）如果你是梦的守护者，你怎么看待自己的这个工作呢？

（2）如果你去守护梦的守护者的梦，你会怎么做呢？

4. 关怀性思考型问题

你需要"梦的守护者"吗？为什么？

5. 生活经验型问题

（1）你都做过哪些梦？

（2）你觉得谁是你的"梦的守护者"？为什么？

（3）你还知道谁的梦和愿望吗？你是怎么帮他们实现的？

讨论主题：如何面对成长？

绘本：《企鹅蛋哥哥》

作者：[日]秋山匡 著，[日]猿渡静子 译

出版单位：北京联合出版公司

出版时间：2018 年

内容简介

企鹅蛋哥哥只从蛋壳里露出脸和翅膀，走路、游泳、抓鱼……甚至是睡觉的时候，都一刻不停地赖在妈妈怀里，其实他早就该从蛋壳里出来了，但他说要一直一直待在蛋壳里。

有一天，企鹅蛋哥哥还像往常一样黏在妈妈身上，开心地散着步。忽然，妈妈滑倒了，脑袋重重地磕在了冰面上，无论企鹅蛋哥哥如何呼唤，妈妈始终一动也不动。企鹅蛋哥哥急坏了，看了看周围，一个人也没有。"我一定要救妈妈！"企鹅蛋哥哥心想，他举起冰块砸向他的蛋壳。从蛋壳里出来的企鹅蛋哥哥被自己的个头吓了一跳，没想到自己这么强壮，他独自背着妈妈安全地回到了家。

从第二天开始，企鹅蛋哥哥每天都锻炼身体。他努力锻炼，希望以后无论妈妈遇到什么事情，自己都能帮上忙。企鹅蛋哥哥完全忘记了，在不久之前，自己还是一颗蛋。

活动目标

　　"成长"是孩子们自己探寻解决一个又一个问题的过程，在这个过程中需要大人更多的关爱和陪伴，用爱给予孩子力量，使他们变得从容、自信与强大。绘本里的企鹅蛋哥哥一直不愿从蛋壳里出来，一刻不停地赖在妈妈怀里，直到他必须独自面对困境。通过共读与讨论，看看孩子们面对成长有些什么困惑与期许，一起思考怎样才算"长大"。

问题设计

　　1. 故事话题导入

　　（1）你见过企鹅蛋吗？它是什么样的？

　　（2）你知道企鹅是怎样破壳而出的吗？是自己戳破蛋壳，还是企鹅爸爸妈妈帮助戳破的呢？

　　2. 体会感受型问题

　　（1）企鹅蛋哥哥在蛋壳里的心情是怎样的？

　　（2）企鹅蛋哥哥没了蛋壳之后，又是什么样的心情？

　　3. 换位思考型问题

　　（1）如果你是企鹅蛋哥哥，你愿意一直待在蛋壳里吗？

　　（2）如果你是企鹅弟弟或妹妹，你会怎样看待想一直待在蛋壳里的企鹅蛋哥哥？

　　4. 关怀性思考型问题

　　（1）你觉得企鹅蛋哥哥最后长大了吗？

　　（2）你想要长大吗？为什么？

　　5. 生活经验型问题

　　（1）你在成长的过程中遇到过什么样的困难？你是怎样做的？

　　（2）怎样才算是长大了呢？

討論主題：**如何传递美好？**

绘本：《花婆婆》

作者：[美] 芭芭拉·库尼　著，方素珍　译

出版单位：河北教育出版社

出版时间：2007 年

内容简介

这本书通过倒序的方式，讲述了当姨婆还是一个名叫艾莉丝的小女孩的时候，她答应自己的爷爷长大后要做三件事：第一件事是要去很远的地方旅行；第二件事是当她老了的时候要住在海边；第三件事是要做一件让世界变得更美丽的事。

艾莉丝长大后，离开了家乡，大家称她为卢菲丝小姐。她到处去旅行，后来又到海边找了个房子住了下来。完成了前两件事，第三件"做一件让世界变得更美丽的事"却让她非常苦恼。直到有一年的春天，她看到了漫山遍野蓝色的、紫色的、粉色的鲁冰花，突然有了一个好主意。整个夏天，卢菲丝小姐的口袋里都装满了鲁冰花的种子，她一边散步一边撒种子，她不停地撒种子……

第二年春天，所有她经过的地方都开满了美丽的鲁冰花，她终于完成了第三件事。现在，大家都叫卢菲丝小姐"花婆婆"，而她还在继续做着这件"让世界变得更美丽的事"。

活动目标

每个年龄段的孩子对于美丽、爱和希望的理解都不同，虽然"让世界变得更美"听上去是个过于远大的梦想，但是"花婆婆"却因为

这个梦想，用自己一点一滴的爱与行动让世界变美了，而这个过程也给予了她希望与收获的满足感。通过共读与讨论，激发孩子们思考自己能做些什么"让世界变得更美丽的事"，在孩子们的心中撒下爱与希望的种子。

问题设计

1. 故事话题导入

（1）"花婆婆"有过哪些名字？

（2）"花婆婆"的爷爷是做什么的？

（3）"花婆婆"答应爷爷长大后要做的第三件事是什么？

2. 体会感受型问题

（1）你觉得"花婆婆"是怎么想到要播撒鲁冰花种子的？

（2）为什么"花婆婆"也希望小艾莉丝能去做一件让世界变得更美丽的事？

3. 换位思考型问题

（1）如果你是海边小镇的居民，当你每天看到有个老婆婆到处不停地撒花种子时，你会怎么想？

（2）如果你是海边小镇的居民，当你看到小镇开满了五颜六色的鲁冰花时，你又会怎么看待老婆婆？

4. 关怀性思考型问题

（1）你长大后想去很远的地方旅行吗？那会是个怎样的地方？

（2）你长大后希望自己成为什么样的人？

5. 生活经验型问题

（1）你觉得能让这个世界变得更美丽的事还有哪些？

（2）如果让你长大后去做一件让世界变得更美丽的事，你会做什么？

讨论主题：如何学会去爱？

绘本：《葡萄》

作者：邓正祺　文 / 图

出版单位：明天出版社

出版时间：2011 年

内容简介

从前，有一只狐狸，他勤勤恳恳，种了一园子葡萄。他最期盼的就是葡萄的丰收，可是，他不知道怎样才能种出最多、最甜的葡萄。狐狸又是跑图书馆，又是在网上搜寻，还特地拜访了葡萄专家，得出最权威的一条真理——要有爱。

可是，怎样才算有爱呢？狐狸决定去请教几位顶顶有爱的人。猪妈妈说"给他吃"；羊爸爸说"保护他"；大哥哥说"给她依靠"；老师说"熏陶她们"；一位听起来非常懂爱的伯伯说"爱是恒久忍耐"。狐狸觉得最后一点有些费解，但还是都用笔认真记了下来。

狐狸丝毫不敢马虎，严格地按照笔记给葡萄吃喝、保护它、给它依靠、熏陶它，慢慢地，他也了解了那让人费解的"恒久忍耐"……终于，丰收的葡萄成为狐狸的美餐，一颗也没剩下。

活动目标

小朋友们在生活中面对"什么是爱""如何去爱"等问题时可能会感到抽象和迷茫。绘本里狐狸在寻求怎样才算有爱的过程中发现，顶顶有爱的人，他们的爱都是实际而具体的。通过共读与讨论，希望能打开孩子们的眼界，思考爱是什么，明白爱不仅仅是感觉，更是行动。

问题设计

1. 故事话题导入

（1）狐狸种葡萄的过程你感觉有趣吗？

（2）狐狸是怎样有爱地种葡萄的？他都付出了哪些行动？

2. 体会感受型问题

（1）狐狸在收集办法时，记下了很多建议，那时他是怎么想的？

（2）狐狸认认真真地执行了大家的建议后，吃到了丰收的葡萄，是怎样的心情？

3. 换位思考型问题

（1）如果你是狐狸，你会怎样有爱地种葡萄？

（2）如果你是种葡萄的人，你怎么理解老伯伯说的"爱是恒久忍耐"？

4. 关怀性思考型问题

（1）你认为爱是什么？

（2）你认为爱该如何表达？

5. 生活经验型问题

（1）你觉得最爱你的人是谁？为什么你觉得他最爱你？

（2）你最爱的人是谁？你是怎么爱他的？

讨论主题：如何实现目标？

绘本：《很慢很慢的蜗牛》

作者：陈致元　文/图

出版单位：河北少年儿童出版社

出版时间：2021 年

有一只蜗牛，他走路很慢很慢，比自己说话的速度还慢，他要到葡萄架上吃葡萄。在路上，他遇到了蛇和青蛙，蛇和青蛙都很快到达了葡萄架，吃到了葡萄，不过这时的葡萄还没熟，很硬，很难吃。后来，蜗牛遇到毛毛虫，毛毛虫也想吃葡萄。于是，蜗牛背上毛毛虫相伴向葡萄架爬去。在去吃葡萄的旅程中，他们有快乐，有危险。走累了，就躺在叶子上吹着凉风，欣赏美丽的月光。

终于，蜗牛和毛毛虫爬到了葡萄架上，葡萄也成熟了，可是，因为他们走得太慢，葡萄架上只剩下一颗葡萄，而且还熟到烂掉。毛毛虫看着烂葡萄，伤心地哭了。蜗牛想了一下，笑着说："熟烂的葡萄更好，可以做好吃的三明治。"三明治美味极了，他们边吃边玩，把树叶吃出了好多动物的形状。

他们再次相约一起去吃苹果，可是第二天，蜗牛发现毛毛虫变成了一个蛹，蜗牛又把蛹背在身上，慢慢地爬啊，爬啊。突然有一天，毛毛虫变成蝴蝶飞了出来。蝴蝶抓着蜗牛飞到空中，对蜗牛说："这一次，换我带你去苹果树上吃苹果。"

活动目标

目标实现时是喜悦的，但过程会很漫长。绘本里蜗牛吃葡萄的经历，会让孩子们思考：在实现目标的漫漫旅程中，可能会遇到嘲笑与危险，同样也会有快乐和伙伴；尤其是在实现目标的时候，或许还有一些不完美。蜗牛的反应会给孩子们积极的启发。通过共读与讨论，孩子们将进一步去体会实现目标所要具备的勇气、信心以及坚持到底的决心。

问题设计

1. 故事话题导入

（1）你喜欢故事里的蜗牛吗？

（2）蜗牛在吃葡萄的路上遇到了哪些小动物？发生了什么？

2. 体会感受型问题

（1）当蜗牛和毛毛虫好不容易到了葡萄架上，发现只剩下一颗熟烂的葡萄时，毛毛虫是什么心情？蜗牛又是怎样的心情？

（2）在一起吃葡萄的过程中，蜗牛和毛毛虫是怎样相互帮助的？在一起去吃苹果的过程中又是怎么相互帮助的？在这些相互帮助的过程中，他们是怎样的心情呢？

3. 换位思考型问题

（1）如果你是蜗牛，当听到蛇说"你动作那么慢，等你爬上葡萄架，葡萄早就被吃光了"时会怎么做？

（2）如果你是毛毛虫，当蜘蛛邀请你和蜗牛去他家喝茶、吃点心时，你会怎么做呢？

（3）当你好不容易到了葡萄架上，发现只剩下一颗熟烂的葡萄时，你会是什么心情？

4. 关怀性思考型问题

（1）你认为在实现目标的过程中需要同伴吗？

（2）你认为实现一个目标需要具备哪些品质？

5. 生活经验型问题

（1）你最近完成了一件什么事情？过程顺利吗？

（2）你曾经和谁共同完成过一件事情？你们都是如何相互帮助的？

讨论主题：如何应对逆境？

绘本：《小黑鱼》

作者：[美] 李欧·李奥尼　文/图，彭懿　译

出版单位：南海出版公司

出版时间：2010 年

内容简介

在大海的一个角落里，住着一群快乐的小红鱼，其中只有一条是黑色的，他比其他小鱼游得都要快，他的名字叫小黑鱼。

一天，从海浪里突然冲出了一条金枪鱼，一口就把小红鱼都吞到了肚子里，只有小黑鱼逃走了。小黑鱼逃到了大海深处，既害怕又孤独。他游啊游啊，碰见了一个奇迹——像彩虹果冻一样的水母，接着又碰见了大龙虾和怪鱼，森林似的海草，糖果般的礁石……各种各样奇妙的生命让小黑鱼又高兴了起来。

后来，小黑鱼看到了一群和自己一样的小红鱼，他们怕被大鱼吃掉，躲在礁石和海草的影子里不敢出来。于是，小黑鱼想了一个办法，他们可以游在一起变成一条最大的鱼，而小黑鱼正好可以组成眼睛！最后，他们成功地把大鱼都吓跑了。

活动目标

小朋友们在成长的航路上不会总是一帆风顺，当逆境来临，他们往往会失去信心，陷入孤独和无助的状态。绘本里的小黑鱼在遭受重大打击后重拾信心，并用智慧和勇气找到了解决困难的方法，成功走

出了逆境。通过共读绘本，让孩子们感受小黑鱼的心境变化，一起讨论和思考应对逆境的方法，保持积极的心态，在成长的道路上勇往直前。

问题设计

1. 故事话题导入

（1）你喜欢故事中的小黑鱼吗？为什么？

（2）小黑鱼在大海深处碰见了许多奇妙的生命，你还知道大海里有哪些奇妙的生命吗？

2. 体会感受型问题

（1）小红鱼被金枪鱼一口吞到肚子里后，小黑鱼是什么心情？

（2）小黑鱼在大海深处碰到一个又一个奇迹，心情有什么变化吗？

（3）小黑鱼在遇到另一群小红鱼后，又是什么样的心情？

3. 换位思考型问题

（1）如果你是躲起来的小红鱼，会和小黑鱼一起玩吗？

（2）如果你是小黑鱼，会怎么帮助躲起来的小红鱼？

4. 关怀性思考型问题

（1）你认为"逆境"是什么？

（2）你觉得走出逆境的关键是什么？

5. 生活经验型问题

（1）你有没有遇到过什么逆境或困难？你是怎么做的？

（2）如果你身边的人遇到了逆境或困难，你会怎么做？

讨论主题：如何实现自我价值？

绘本：《彩虹色的花》

作者：[美]麦克·格雷涅茨　著，彭君　译

出版单位：二十一世纪出版社

出版时间：2018 年

内容简介

　　早春，在积雪即将融化的原野上，开出了一朵彩虹色的花。彩虹色的花好高兴，她想和每个人分享她的快乐。在之后的日子里，彩虹色的花慷慨地将自己的花瓣送给了那些需要帮助的小家伙，蚂蚁、蜥蜴、老鼠、小鸟、刺猬都得到了她的帮助。

　　眼看又到冬天了，彩虹色的花的最后一片花瓣也被大风吹走了，花秆也被折断了，很快，彩虹色的花就被埋在茫茫白雪中……但是，被她帮助过的小家伙们没有忘记她，他们从远处跑过来，怀念彩虹色的花给予过自己的温暖。

　　漫长的冬天终于过去了，春天又来了，彩虹色的花又重新出现在了原野上。

活动目标

　　生命的意义是什么？没有人可以给出一个明确又固定的答案，但如果我们找到了自己的价值，那便能成为我们持续向前的力量。就像故事中彩虹色的花那样，自我的价值很多时候是在"助人利他"的过程中实现的，在我们帮助他人的过程中，同样也得到了别人的爱。通过共读与讨论，让孩子理解生命的价值，进一步思考实现自我价值的

意义。

问题设计

1. 故事话题导入

（1）彩虹色的花有几片花瓣？都是什么颜色的？

（2）彩虹色的花的一生经历了几个季节？你从哪里看出来的？

2. 体会感受型问题

（1）看到自己的花瓣帮助了有需要的人，彩虹色的花是什么心情？

（2）当大风刮走了彩虹色的花的最后一片花瓣时，你觉得她是什么心情？

3. 换位思考型问题

（1）如果你是彩虹色的花，你会把自己最珍贵的花瓣送给别人吗？为什么？

（2）如果你是被彩虹色的花帮助过的小家伙，你可以为她做些什么？

4. 关怀性思考型问题

（1）你觉得最后新长出的彩虹色的花是不是之前枯萎的那朵花？说说你的理由。

（2）你有没有养过什么小植物？你喜欢它吗？为什么？

5. 生活经验型问题

（1）在生活中，有没有人帮助过你或者帮你解决过问题？说说看。

（2）你有没有帮助过别人？帮助别人后自己有什么感觉？

讨论主题：如何理解感恩？

绘本：《你大我小》

作者：［法］葛黑瓜尔·索罗塔贺夫　文 / 图，武娟　译

出版单位：二十一世纪出版社

出版时间：2009 年

内容简介

从前有一只小象，他没有爸爸妈妈。还有一只狮子，他是百兽之王。

有一天，小象跟着狮子来到皇宫，但是狮子不让他进去，小象无处可去，就在皇宫门口睡着了。第二天，狮子发现小象睡在门口，有些不忍心，就让小象进了皇宫，还准备了早饭。当天晚上，狮子还给小象讲了许多故事。几天后，他们成了形影不离的好朋友，他们总是在一起，就像哥哥和弟弟，又像爸爸和儿子：一个大，一个小。日子一天天过去，小象越长越大，狮子觉得小象太高大了，而且他也没什么可以教给小象了，于是就让小象离开了。

很多年过去，小象长大了，他还常常想起狮子。有一天，大象看到了一个躺在路边的流浪汉，居然是狮子，他们紧紧地拥抱在一起。原来狮子被赶了出来，他不再是国王了，大象却说："在我心里，你永远是国王！你大我小。"最后，大象带着狮子一起回家了。

活动目标

在孩子成长的每个阶段都会有很多人陪伴，父母、师长、朋

友……同时还有来自他们的爱，而一些藏在细节中的爱，往往很容易被忽视。绘本里狮子给小象准备的早饭、讲述的故事和每日的陪伴带给了小象温暖，最后小象与狮子的相遇也为狮子带来了力量和自信。通过共读与讨论，将感恩渗入孩子们的心灵，激起他们对自己、对他人、对生命的认同感，发现生活中的美好和爱。

问题设计

1. 故事话题导入

（1）你认为狮子是一只怎样的狮子？

（2）你认为小象是一只怎样的小象？

2. 体会感受型问题

（1）第二天，狮子让小象进了皇宫，心情是怎样的？

（2）狮子与小象在皇宫朝夕相处的日子里，心情有什么变化？

（3）是什么原因使狮子最终下定决心让小象离开？

（4）成为流浪汉的狮子再次遇到小象，又是什么心情？

3. 换位思考型问题

如果你是小象，再次遇见狮子会怎么做？

4. 关怀性思考型问题

（1）你认为"感恩"是什么？

（2）你能想到的表达感恩的方式有哪些？

5. 生活经验型问题

你有没有特别想要感恩的人？为什么特别想要感恩他呢？

第六节　社会关系

讨论主题：如何看待规则？

绘本：《图书馆狮子》

作者：［美］米歇尔·努森　文，［美］凯文·霍克斯　图，

　　　周逸芬　译

出版单位：河北少年儿童出版社

出版时间：2011 年

内容简介

　　有一天，图书馆来了一头威武雄壮的大狮子！图书管理员马彬先生向馆长麦小姐报告了这件事，他认为图书馆里不应该有狮子。馆长麦小姐却不这么想，她告诉马彬先生："只要狮子没有违反规定，那就不要管它！"狮子被允许留下来了，它和其他的小朋友一起看书、听故事，空闲时还能帮着麦小姐掸书上的灰尘、舔逾期通知的信封，大家都说："这头狮子真好。"

　　意外总是突如其来，麦小姐从椅子上跌下来，摔断了手臂。狮子想了很多办法来通知马彬先生，告诉他麦小姐的情况，但马彬先生一点儿也不理会它。无奈的狮子吼出了响亮的一声，"狮子违反规定了！"马彬先生边喊边奔向麦小姐的办公室急着要去告状。看着马彬先生的背影，狮子伤心地离开了图书馆。最终，受伤的麦小姐被马彬先生发现，她得救了。

　　图书馆里没有了狮子，大家都非常想念它。马彬先生觉得该做点

什么。他找到狮子，并告诉它一条新规定："只要有正当的理由，譬如为了帮助受伤的朋友，在图书馆可以吼叫……"就这样，曾经违反规定的狮子又回来了！小朋友们和麦小姐一起欢呼起来！

活动目标

　　这是一本"秩序"和"温度"并存的绘本，威风凛凛的狮子来到图书馆也必须遵守规定，而违反规定后的狮子也只能默默离开。但故事的结局却是温暖感人的，图书管理员把狮子又请了回来。对比绘本中马彬先生对狮子前后态度的变化，会引发孩子们关于规则的讨论。通过共读，孩子们在进一步思考规则的意义以及如何看待规则的同时，感受人与动物、人与人之间的温情，领悟必要时可以打破规则的智慧。

问题设计

　　1. 故事话题导入
　　（1）看绘本封面，你觉得图书馆里来了一头怎样的狮子？
　　（2）狮子在图书馆里做了哪些事情？
　　2. 体会感受型问题
　　（1）狮子离开了图书馆，它当时心里是怎么想的？
　　（2）狮子走后麦小姐十分想念它，为什么麦小姐不直接去找狮子？
　　3. 换位思考型问题
　　（1）如果你是狮子，你会在图书馆里做什么？
　　（2）如果你是狮子，看到麦小姐摔倒后，会违反规定大声吼叫吗？

4. 矛盾冲突型问题

（1）什么是规则？

（2）"遵守规则"和"享受自由"，你觉得哪个更重要？

5. 生活经验型问题

（1）生活中还有哪些事情是要遵守规则的？

（2）你觉得规则可以被打破吗？为什么？

讨论主题：如何结交朋友？

绘本：《公鸡的新邻居》

作者：[日] 岸良真由子　文，[日] 高畠纯　图，彭懿　译

出版单位：明天出版社

出版时间：2014 年

内容简介

　　森林里有两间房子。红屋顶的房子里，住着一只公鸡。蓝屋顶的房子里，没有人住。公鸡一个人自由自在地生活着。

　　有一天，公鸡发现蓝房子门口多了一个箱子，门口也晾晒起了毛巾，好像有人搬过来了，公鸡的心里充满期待！可是，公鸡却怎么也遇不到这位神秘的新邻居。于是，他写了一封信，邀请新邻居来家里玩。很快他就收到了回信，公鸡高兴极了，他打扮、烧菜、布置客厅，但是他左等右等，从白天等到晚上，新邻居一直没有出现。而新邻居也准备了礼物，早早起床，等着天黑送给公鸡。一直等到日落的时候，他们终于见面了，公鸡才知道原来新邻居是一只猫头鹰。

虽然他们俩的作息时间不同，不能经常见面，但是这并不妨碍他们两个做好朋友，因为他们在两座房子中间增加了一块黑板和台阶，可以相互留言。公鸡还送了猫头鹰一副墨镜，这样白天看起来就像晚上一样了。

活动目标

对于孩子而言，交朋友是件令人激动的事，绘本里公鸡的状态就像极了我们身边的孩子们。他们一方面出于对陌生人的本能戒备，不敢贸然示好；另一方面出于社会性的必然要求，想要结识新朋友，发展社交行为。那么"怎么去认识一个新朋友"？"如果遇见和我们很不同的人，可以成为好朋友吗？"通过共读与讨论，进一步帮助孩子们探寻和感悟友情的真谛。

问题设计

1. 故事话题导入

（1）公鸡和猫头鹰为什么碰不到面呢？

（2）你认为公鸡和猫头鹰能成为好朋友吗？为什么？

2. 体会感受型问题

（1）公鸡发现有新邻居搬来时，他是怎样的心情？

（2）公鸡一直遇不到这位新邻居，他的心情有什么变化呢？他是怎么做的呢？

（3）当公鸡知道自己的新邻居是猫头鹰时，他又是怎么做的呢？

3. 换位思考型问题

（1）如果你是公鸡，一直碰不到猫头鹰，你会放弃吗？

（2）如果你是猫头鹰，有什么办法可以和公鸡成为好朋友呢？

4. 关怀性思考型问题

（1）你认为朋友是什么？

（2）你和你的好朋友一样吗？有没有不一样的地方呢？

5. 生活经验型问题

（1）你和你的好朋友是如何成为好朋友的？

（2）如果你和你的好朋友也经常见不到面，你会怎么办？

讨论主题：如何关爱他人？

绘本：《阿莫的生病日》

作者：[美]菲利普·斯蒂德　文，[美]埃琳·斯蒂德　图，

　　　阿甲　译

出版单位：二十一世纪出版社

出版时间：2012 年

内容简介

阿莫是一个动物园管理员，每天过着规律的生活：一早起床去动物园上班，工作之余和大象一起下棋，和乌龟赛跑，陪企鹅发呆，给犀牛递手绢，给猫头鹰讲故事。

有一天，阿莫生病了，他没有去动物园上班，他的动物朋友们在动物园里等了一天，都没有等到他们的朋友阿莫。他们决定去看望阿莫，他们乘上了公共汽车，来到了阿莫的家。大象和他下棋，乌龟和阿莫玩捉迷藏，企鹅给阿莫暖脚，犀牛给阿莫递手绢，猫头鹰为他读书讲故事。

夜幕降临，小动物们在阿莫的房间中，陪伴着阿莫，一起进入

了梦乡。

活动目标

　　孩子在成长的过程中，既有阳光雨露的关爱，也有风霜雪雨的相伴，这些都是人生的财富。绘本中，阿莫和动物们的相处方式，让人感到温暖和美好。通过共读和讨论，让孩子们感受关爱所传递出的温暖与希望。

问题设计

　　1. 故事话题导入

　　（1）阿莫的朋友为什么会去看他呢？

　　（2）你认为故事中的阿莫是个怎样的人？你喜欢他吗？

　　2. 体会感受型问题

　　（1）小动物们每天和阿莫在一起时是怎样的心情？

　　（2）阿莫的动物朋友们来看他时，他是什么心情？

　　3. 换位思考型问题

　　（1）如果你是阿莫，是一个动物园管理员，你会和动物们怎么相处？

　　（2）如果你是动物们，知道阿莫生病了，你会怎么做？

　　4. 关怀性思考型问题

　　（1）你认为"关心"是什么？

　　（2）如果你生病了，谁照顾你？怎么照顾的呢？

　　5. 生活经验型问题

　　（1）生活中，你受到过哪些关爱？

　　（2）生活中，如果朋友生病了，你会怎么做呢？

讨论主题：如何面对冲突？

绘本：《南瓜汤》

作者：〔英〕海伦·库柏　文/图，柯倩华　译

出版单位：明天出版社

出版时间：2014年

内容简介

　　树林里有一间古老的小白屋，园子里种了很多南瓜，猫、松鼠和鸭子生活在这里，愉快地唱歌、玩耍，还一起做南瓜汤。他们做出了世界上最好喝的汤，这是猫把南瓜切成片，松鼠搅汤，鸭子放盐，一起配合做出来的汤。

　　直到有一天，鸭子觉得自己想出了更好的做汤方法，为此他们发生了争吵，鸭子负气离家出走。猫和松鼠从一开始的不以为然到担心，外出寻找却始终没找到。但最终鸭子自己回到了小屋。

　　最后，他们还是和好了，猫和松鼠让鸭子按照他的想法做南瓜汤，结果还是一起做出了世界上最好喝的汤。古老的小白屋又恢复了平静，直到鸭子又想出了一个新的主意……

活动目标

　　在成长的过程中，我们难免会与人发生争吵或遇到冲突，甚至是和家人或是朋友。就像故事中的小动物们那样，他们可以一起配合做出世界上最好喝的南瓜汤，但也难免会出现争吵，最终他们还是因为友情重新聚在一起。每个冲突其实都是一次学习的机会，当冲突发生

时，我们更多的是要去思考，如何才能圆满地解决矛盾，才能在冲突中健康成长？通过共读与讨论，让我们共同探寻解决冲突的方法，在冲突中学会相处之道。

问题设计

1. 故事话题导入

（1）你认为小动物们一起做的南瓜汤好喝吗？

（2）你想和小伙伴做个什么汤？

2. 体会感受型问题

（1）猫和松鼠到处都找不到鸭子，他们会是什么心情？

（2）鸭子离开家后，他感觉如何？

3. 换位思考型问题

（1）如果你是鸭子，不让你搅汤，你会怎么想？

（2）如果你是猫，鸭子离家出走后，你会是什么心情呢？

4. 矛盾冲突型问题

（1）动物们为什么会发生争吵？你认为应该如何解决？

（2）你支持鸭子创新制作汤，还是支持猫和松鼠做有把握的好汤？

（3）如果新汤不好喝，他们还会和好吗？

5. 生活经验型问题

（1）如果你与朋友发生争吵，你会如何解决？

（2）如果你的朋友们发生了争吵，你会做什么？

討論主題：如何建立友情？

绘本：《我有友情要出租》

作者：方素珍　文，郝洛玟　图

出版单位：新疆青少年出版社

出版时间：2014 年

内容简介

　　住在森林里的大猩猩感到很孤独，于是想出了一个主意：出租友情。他贴出一张广告："我有友情要出租，一小时五块钱"。

　　小女孩咪咪跟随做科研的父母来到了森林，她租下了大猩猩的友情。他们一起玩踩脚游戏、剪刀石头布、木头人……虽然大猩猩总是输，但他非常开心。每天咪咪都会来找大猩猩租友情，就这样他们变得越来越亲密。有一天，大猩猩决定不收咪咪的钱了，还特地准备了饼干想和咪咪分享。可是等了很久，咪咪却没有来。后来得知，咪咪的父母完成了研究工作，因此咪咪也要随他们一同搬到城里去。就这样，咪咪离开了。

　　大猩猩很难过，他有了新的决定，于是他把广告改成了"我有友情，免费出租"。就这样，大猩猩一直等待着下一个好朋友来租他的友情。

活动目标

　　故事中的大猩猩和现在的孩子很相似。现在的孩子大多数是独生子女，他们对于结识新朋友感到困惑，不知道该如何建立彼此的友谊。通过对比大猩猩两次出租友情的心情和画面中时常出现的其他小动物，可引导孩子们去思考大猩猩是否真的没有朋友，他为什么总是感到寂寞。尤其是故事最后，大猩猩一直在等待下一次友情的到来，这会引发孩子们换位思考，思考友情的意义以及该如何建立自己的友情。

问题设计

1. 故事话题导入

（1）什么是出租？大猩猩为什么要出租友情呢？

（2）你喜欢故事里的大猩猩吗？为什么？

2. 体会感受型问题

（1）大猩猩第一次出租友情时，他是怎样的心情呢？

（2）玩游戏时大猩猩总是输给咪咪，他当时是怎么想的呢？

（3）咪咪走了，大猩猩的心情又如何呢？再次出租友情的他还能等到朋友吗？

3. 换位思考型问题

（1）如果你是大猩猩，你会用什么办法交朋友呢？

（2）如果你是大猩猩身边的小动物，看到"友情出租"的告示，你会怎么做？

4. 关怀性思考型问题

（1）为什么森林里还有那么多动物，他们却都不来租友情呢？

（2）大猩猩学会了很多朋友间一起玩的游戏，为什么这些游戏没能帮助他交上朋友呢？

5. 生活经验型问题

（1）在我们的生活中，你有什么东西想拿来"免费出租"？

（2）说说你是如何交朋友的。请分享一个你和朋友之间的小故事。

讨论主题：如何表达思念？

绘本：《团圆》

作者：余丽琼　文，朱成梁　图

出版单位：明天出版社

出版时间：2008 年

内容简介

小女孩毛毛生活在一个南方镇子里，和她每天在一起的是她的妈妈和一只大白猫。而她的爸爸则一直"在外面盖大房子"，只有过年的时候才能回到家里。

除夕那天，爸爸风尘仆仆地回来了。可是，在爸爸离开的一年时间里，毛毛已经很难拾起对于"爸爸"的记忆了，她看着这个"陌生"的爸爸不敢靠近。晚上包汤圆的时候，爸爸说："谁能吃到包了好运硬币的汤圆，谁在这一年就会交好运。"大年初一，毛毛吃到了"好运硬币"，拜年时跟小伙伴们炫耀。大年初二，爸爸在家补窗户缝、刷新门漆、换新灯泡……大年初三，毛毛和小伙伴们一起堆雪人、打雪仗，发现"好运硬币"找不到了，后来又失而复得。

年马上就过完了，大年初四，爸爸又要离开了，毛毛把这枚"好运硬币"送给了即将远行的爸爸，希望明年再包在汤圆里。毛毛和妈妈又开始了新的等待，等待下一次的团圆……

活动目标

绘者朱成梁说："团圆和分别，构成了我们的人生。"孩子们也总要在大大小小的团聚和离别中长大。绘本里的小女孩毛毛没有用哭泣去挽留即将远行的爸爸，而是把她最珍惜的"好运硬币"送给爸爸，期待着爸爸过年再次回来团圆。通过共读与讨论，将进一步帮助孩子们去思考思念的内涵与表达方式，在面对生命中那些相聚和离别时给予启发与力量。

问题设计

1. 故事话题导入

（1）毛毛的爸爸为什么一年才回家一次？

（2）你和你的家人是怎样过年的？你知道还有哪些过年的风俗习惯？

2. 体会感受型问题

（1）爸爸回来抱起了毛毛，毛毛的心情是怎样的？

（2）当毛毛吃到包着"好运硬币"的汤圆后，心情是怎样的？为什么爸爸看到毛毛吃了包着硬币的汤圆比毛毛自己还开心呢？

（3）堆完雪人、打完雪仗后，毛毛发现"好运硬币"找不到了，她的心情有什么变化吗？为什么毛毛这么在乎这枚硬币？

（4）爸爸即将远行，毛毛又是怎样的心情？为什么毛毛把那么在乎的"好运硬币"给了爸爸？

3. 换位思考型问题

（1）如果你是毛毛，面对即将远行的爸爸，你会做什么呢？

（2）如果你是毛毛的爸爸，到了下一次团圆时，你会做什么呢？

4. 关怀性思考型问题

（1）你认为"思念"是什么？

（2）你怎么看待"离别"？

5. 生活经验型问题

（1）你有过和家长或好朋友长时间见不到面的情况吗？你是什么感受呢？

（2）你会用什么方式表达你对他们的思念呢？

讨论主题：如何陪伴家人？

绘本：《大猩猩》

作者：［英］安东尼·布朗　文/图，林良　译

出版单位：河北教育出版社

出版时间：2007 年

内容简介

小女孩安娜喜欢大猩猩。但是，她从来没有见过一只真正的大猩猩。她和爸爸一起生活，但是爸爸因为工作繁忙，一直没有时间带她去动物园看大猩猩。

生日的前一天，安娜收到了爸爸的生日礼物——一只玩具大猩猩。安娜心里有些失望和难过。深夜里，玩具大猩猩变成了真正的大猩猩。大猩猩穿上了爸爸的大衣，戴上了爸爸的帽子，带着安娜去动物园。大猩猩带着安娜来到了动物园，他们一起看到了好多好多真正的大猩猩，各种各样的大猩猩。之后，大猩猩和安娜一起去看了电影。看完电影，他们一起逛街、吃饭、跳舞。

第二天早上醒来，安娜把昨晚的经历告诉了爸爸。爸爸给安娜准备了大猩猩的生日蛋糕，带着安娜一起去了动物园。安娜感到特别的快乐。

活动目标

　　从孩子出生开始，父母就陪伴着他们成长。对于幼小的孩子来说，父母最好的关爱就是陪伴。绘本中的安娜想要得到父亲的关心和陪伴，可是生活中的父亲"严肃"又"冷漠"。通过对绘本的阅读和讨论，和孩子一起感受安娜生日前后与父亲关系的变化，思考生活中自己和父母的相处方式，更深刻地体会父母对于自己的陪伴和爱。

问题设计

　　1. 故事话题导入

　　（1）安娜喜欢大猩猩表现在哪里？

　　（2）故事中安娜和爸爸平时是怎样相处的？

　　2. 体会感受型问题

　　（1）安娜生日前一天收到玩具大猩猩时，她的心情是怎样的？

　　（2）安娜在她生日那一天的心情是怎样的？

　　3. 换位思考型问题

　　（1）如果你是故事中的安娜，爸爸送你最爱的礼物却没有时间陪你，你会是什么样的心情？

　　（2）如果你是故事中的爸爸，你会给安娜准备怎样的生日惊喜？

　　4. 关怀性思考型问题

　　（1）如果你过生日，你最想要得到父母怎样的生日礼物？

　　（2）如果你的父母因工作繁忙而无法陪伴你，你会怎样做？

　　5. 生活经验型问题

　　（1）生活中，你的爸爸妈妈是怎么陪伴你的？

（2）生活中，你想要如何陪伴爸爸妈妈？

讨论主题：如何适应校园？

绘本：《小阿力的大学校》

作者：［英］罗伦斯·安荷特　文，［英］凯萨琳·安荷特　图，

　　　郭玉芬、万砡君　译

出版单位：明天出版社

出版时间：2009 年

内容简介

　　本书以生动的笔触描绘了孩子们入学时的担忧、不安以及他们对校园生活的好奇与期待。主人公小阿力要上学了，他很开心，但也有点担心。他担心在学校迷路，担心交不到新朋友，担心系不上鞋带，甚至担心自己可能会忍不住哭泣。

　　小阿力不想离开妈妈去陌生的环境。然而，当他照顾一只受伤的小麻雀，并看着它自己站起来飞向大世界的时候，小阿力似乎也获得了进入学校的勇气。他发现学校是一个有趣的地方，就像小鸟飞向大世界一样，他也开始了自己的校园生活。

　　他在学校里遇到了和蔼可亲的贝瑞老师，和小朋友们分享他照顾受伤小鸟的故事，也慢慢交到了新的朋友。

活动目标

　　如何适应新的环境是每个孩子都要面对的挑战，小阿力在面对上学时的复杂心情，每个孩子都应该能够体会。这本绘本旨在帮助孩子

做好迈入学校生活的准备。故事中的小阿力经历了对新环境的紧张和焦虑，但最终成功融入了校园生活。通过与孩子们一起阅读和讨论这个故事，可以缓解他们入学前的焦虑，更好地理解每个人都有自己的成长时刻，需要勇气和自信去面对未知的挑战。

问题设计

1. 故事话题导入

你们经历过故事中小阿力那样的情况吗？要去上学了，你会是什么心情呢？

2. 体会感受型问题

（1）小阿力做了一个可怕的梦，起床后，他是什么心情呢？

（2）小阿力看到自己救助的小麻雀飞走了，他是什么样的心情呢？

3. 换位思考型问题

如果你是小阿力，面对入学前的不安，你会怎么做呢？

4. 关怀性思考型问题

面对小阿力入学前的担忧和不安，你会如何鼓励他？

5. 生活经验型问题

（1）小阿力从小麻雀身上得到了勇气和鼓舞，使他能够勇敢地融入校园。那么，你是否也曾在生活中遇到过一些勇敢的小动物，它们的行为或精神打动了你呢？请分享一下你的故事。

（2）如果你想在学校里交朋友，你会怎么做？

第七节　自然万象

讨论主题：如何看待"变化"的环境？

绘本：《小房子》

作者：［美］维吉尼亚·李·伯顿　文/图，阿甲　译

出版单位：南海出版公司

出版时间：2007 年

内容简介

很久以前，有一个人在乡下的山岗上盖了一座很好的小房子，他希望自己的后代都能住在里面。那时候，小房子每天开心地看着乡村的田园和日出日落，可每到晚上，她看到远处城市里的灯光，还是有些好奇和向往。

日复一日，春去秋来，小房子的四周渐渐发展起来，房子越来越多，交通越来越发达。又过了很久，小房子已经变得破旧不起眼，湮没在四周各种高楼大厦和行色匆匆的人群中，没有人再打理她、照顾她。每到夜晚，城市的灯光太刺眼，小房子已经分不清四季变化，她想念温柔的月光和满天的繁星，更想念记忆中漫山遍野的雏菊和田园春光。

终于有一天，把她盖得很好的主人的后代来了，她让搬家公司用拖车把小房子拖到了一个很远的山岗上，在维修好小房子后住在了里面。小房子终于又有人照顾了，可以再一次看到满天星辰，真切地感受着春去秋来。

活动目标

社会在进步，城市在发展，但人们与大自然亲密接触的机会却越来越少。《小房子》让孩子们看到了在城市的迅速发展与扩张中，乡村田野、森林绿地逐渐"远离"的过程，由此也更怀念大自然的美好。通过共读与讨论，让孩子们去关注城市快速发展对自然环境可能造成的影响，进一步思考如何更好地在未来城市化建设的进程中保护环境，与自然和谐共生。

问题设计

1. 故事话题导入

请小朋友简单描述一下小房子周围环境的变化。

2. 体会感受型问题

（1）你觉得小房子不喜欢住在城市里的原因有哪些？

（2）你觉得小房子又是为什么喜欢住在乡间田野？

3. 换位思考型问题

（1）如果你变成了老旧的小房子，当别人不再关注你，也没人再打理你，你会是什么感受？

（2）如果你是那个把小房子盖得很好的主人的后代，当你再找到小房子时，你会怎么做？

4. 矛盾冲突型问题

（1）小房子既然那么喜欢乡村生活，为什么一开始她还向往城市呢？

（2）你会更喜欢乡间田野还是现代化的城市呢？为什么？

（3）你觉得现代化的城市和乡间田野有没有可能出现在同一个

地方？

5. 生活经验型问题

（1）你住的地方周围的环境有没有发生过变化？你怎么看待这种变化？

（2）城市的建设发展越来越快，我们可以做些什么保护环境呢？

讨论主题：如何对待野外的动物？

绘本：《让路给小鸭子》

作者：［美］罗伯特·麦克洛斯基　文/图，柯倩华　译

出版单位：河北教育出版社

出版时间：2009 年

内容简介

一对叫马拉的鸭子夫妇，一直在找住的地方。他们为了寻找一个合适的居住环境，飞到了波士顿。这时，他们飞得太累了，就到了一个公园休息一下。他们觉得这个地方不错，有水，还有喂东西给他们的人。可是路上骑车的人太危险，马拉太太觉得不太适合小鸭子。

他们又找啊找，最后在河流上方的小岛上安了家，马拉太太生下了八只可爱的小鸭子。有一天，马拉先生决定去河流的其他地方看看，他和马拉太太约定一个星期以后在公园碰面。马拉太太一直在教小鸭子们本领，一周后他们出发去公园找马拉先生。

路途中，她和小鸭子们碰到了大街上滚滚的车流。当马拉太太为难的时候，警察麦可赶来帮他们维持秩序。麦可叫来了更多的警察，他们让所有的车停下，为鸭子们让路，让他们安全地到达了公园。鸭

子们转身向警察表示谢意，并最终找到了马拉先生。

　　我们生活的世界，不仅有人类，还有着动物、植物和其他丰富多彩的生命，我们不仅要学会与人相处，还要学会与大自然相处。书中所描绘的故事是鸭子与人类和谐相处的美好场景，最终鸭子们在城市里安了家。通过共读与讨论，让孩子们了解自然，认识到人是自然的一部分，共同思考如何爱护动物、爱护自然，体会人与自然和谐共处的美好。

　　1. 故事话题导入

　　你认为小鸭子一家适合在小岛生活吗？

　　2. 体会感受型问题

　　（1）马拉太太领着小鸭子走过繁忙的马路时，你觉得她会是什么心情？

　　（2）麦可警官看到鸭子一家在街上走，他当时是怎样的心情？

　　3. 换位思考型问题

　　（1）如果你是小鸭子，过马路的时候遇到了那么多车，你会害怕吗？

　　（2）如果你是麦可警官，你会如何帮助鸭子一家？

　　4. 关怀性思考型问题

　　你喜欢什么动物？为什么？

　　5. 生活经验型问题

　　如果你在野外或公园发现野生动物，你会做什么？

讨论主题：如何守护"污染"的环境？

绘本：《仅仅是个梦》

作者：［美］克里斯·范·奥尔斯伯格 文/图，杨玲玲、彭懿 译

出版单位：新星出版社

出版时间：2014 年

内容简介

沃尔特是个爱幻想的小男孩，他期待生活在科技感十足的未来，能拥有炫酷飞机和什么都能做的机器人。但他会随地乱丢甜甜圈的包装纸，他认为隔壁的小女孩把一棵树当作生日礼物是一件可笑至极的事情。他不做垃圾分类就为了不错过喜欢的电视节目。

一天夜晚，当他进入沉沉的梦乡时，他的床带他到了"未来"。在未来世界里，垃圾成山；森林被大肆砍伐，树木命悬一"锯"；烟囱林立，炽热污浊的烟雾让人喘不过气；陆地被海水淹没，鱼群几乎绝迹；道路纵横，交通拥挤，黄沙遮天蔽日；雾霾让鸟儿找不到栖息地！

梦醒后，他感到了恐慌，迫不及待地要去做点什么！他赶在日出前将垃圾分好类，在生日时向所有的朋友炫耀他"最棒的礼物"——一棵树。当生日聚会结束，他再次进入梦境……

活动目标

绘本《仅仅是个梦》通过沃尔特在梦境中的经历，展示了人类未来可能面临的环境问题。沃尔特经历的每个梦境都代表了一种不同的"恐惧"，梦境和现实相交织，让孩子们意识到环境保护的重要

性，并激发孩子们对环境保护的责任感。通过绘本共读，与孩子们讨论沃尔特梦醒前后的变化，提升他们的环境保护意识，并联系生活实际，从最触手可及的努力开始，守护身边的环境，成为环保行动的推动者。

问题设计

1. **故事话题导入**

（1）看绘本封面，你发现了什么有意思的事？

（2）沃尔特做梦去过哪些地方？

2. **体会感受型问题**

（1）沃尔特的梦境和未来环境有哪些关系？

（2）是什么让沃尔特做出了改变？在故事的最后，沃尔特又进入了梦境，这次你觉得他会做什么样的梦？

3. **换位思考型问题**

（1）如果你是沃尔特，在这些梦境里，你会有哪些感受？

（2）如果你是沃尔特，你觉得你还会经历哪些梦境？

4. **关怀性思考型问题**

（1）这个梦太过真实，让沃尔特迷茫，梦仅仅是个梦吗？

（2）你觉得守护环境和自己有关系吗？

5. **生活经验型问题**

（1）宣传环境保护对提高人们的环保意识尤为重要，你见过哪些保护环境的宣传？

（2）沃尔特梦醒后成了守护环境的孩子，他在生日时还亲手种下一棵树，你曾经有哪些保护环境的行为？

讨论主题：如何看待"讨厌"的天气？

绘本：《梅雨怪》

作者：熊亮 著绘

出版单位：天津人民出版社

出版时间：2016 年

内容简介

城郊有座大雨山，那里一直下着大雨，梅雨怪就出生在这座大雨山里。

梅雨怪的床铺是湿答答的，身上的每一块地方也都是潮乎乎的。即便如此，梅雨怪还是会每天冲澡和洗衣服。大雨一直下了十二个月，梅雨怪的身上长出了羊齿草、蘑菇、黑木耳，甚至青苔，他把它们小心地摘下来，洗干净，煮了一锅热汤。梅雨怪邀请他的朋友们——蚂蚁、甲虫、鼻涕虫、西瓜虫……一起来喝汤。吃过晚饭，梅雨怪会出门散步，顺道看看不愿出门的朋友，每天如此。

不过，大雨山也不是每天都下雨。到一年的最后一天，大大的太阳会爬上山头，大家赶紧把能晒的东西都挂了出来，所有潮湿角落里的动物也都出来了。到了晚上，大家还会在月亮下聚餐，吃什么？霉干菜、臭豆角、蘑菇水……还有，梅雨怪最喜欢的红辣椒！

活动目标

天气是自然的重要组成部分，与小朋友们的生活息息相关，孩子们时时刻刻都能感受到它们的存在，然而并不是所有的天气都会让人喜欢。绘本中的梅雨怪即使在每天都下大雨的情况下，还是会每天冲澡、洗衣服、散步，享受着生活。共读绘本，让孩子们讨论天气变化给生活带来的影响，思考人与自然的关系和相处之道。

问题设计

1. 故事话题导入

（1）绘本故事里写的是哪种天气？你喜欢这种天气吗？

（2）你还知道哪些天气？

2. 体会感受型问题

（1）住在每天都下雨的大雨山里，梅雨怪是什么心情？

（2）到一年的最后一天，梅雨怪又是什么心情？

3. 换位思考型问题

（1）如果你是梅雨怪，每天会做点什么？

（2）如果你是梅雨怪，在一年的最后一天，当大大的太阳爬上山头，你又会做点什么？

4. 矛盾冲突型问题

（1）你认为什么是"好"天气？什么是"坏"天气？为什么这么说？

（2）如果"坏"天气消失，我们的生活会变得怎样？

（3）不同的天气有什么作用？能给我们带来什么？

5. 生活经验型问题

（1）生活中你喜欢怎样的天气？为什么喜欢这种天气？

（2）请再说说你"讨厌"的天气，今后你打算怎样与它相处？

讨论主题：如何守护美丽的大自然？

绘本：《大熊抱抱》

作者：[加拿大] 尼古拉斯·奥尔德兰特　文 / 图，余治莹　译

出版单位：河北教育出版社

出版时间：2011 年

内容简介

有一只心中充满了爱与幸福的大熊，每当他在森林里散步，看到有生命的东西时，无论是大的、小的、臭的、恐怖的，他都会用一个大大的拥抱来分享他的爱。但大熊最喜欢抱的是树，所有的树他都爱。

有一天，大熊看到一个扛着斧头的男人走进了森林。他偷偷跟在男人后面，看到男人站在一棵古老又美丽的大树前不停观察，大熊以为男人和他一样喜欢大树，直到他看见这个男人拿起斧头动手砍树，这可把大熊吓坏了，他生平第一次不想要拥抱，甚至张开大嘴想要咬这个男人。

但是，大熊没这么做，他知道自己不喜欢也不会这么做。于是，大熊给了这个男人一个大大的拥抱，而这个充满爱的举动却把男人给吓跑了。最后，大熊也给了这棵受伤的大树一个大大的拥抱，大树觉得好多了。

活动目标

美来自生命，生命来于自然，我们每个人都是大自然的一分子，在感受与自然相处的喜悦与满足时，守护自然赋予我们的这份美丽也是我们最基本的职责。故事中的大熊用对大自然满满的爱，拥抱一切，这份纯真无瑕的爱在打动我们的同时，也可以让我们在与孩子共

读的过程中，一起探讨如何像珍爱生命一样去保护我们的自然环境，感受自然给予我们的美好。

问题设计

1. 故事话题导入

大熊拥抱森林里的一切，他最喜欢拥抱的是什么？

2. 体会感受型问题

（1）大熊看到男人动手砍树的时候，他是怎样的心情？

（2）大熊为什么最终没有咬砍树的男人，而是给了他一个大大的拥抱？

3. 换位思考型问题

（1）如果你是大熊，你会去拥抱什么？为什么？

（2）如果你是砍树的男人，突然被一头大熊拥抱，你会是什么心情？

4. 关怀性思考型问题

（1）你觉得这个男人下次还会来砍树吗？说说你的理由。

（2）受伤的大树，在被大熊拥抱以后，为什么会觉得好多了？

5. 生活经验型问题

（1）大熊用拥抱来表达自己的爱，你会用什么方式表达爱意呢？

（2）我们在生活中还可以做些什么来保护美丽的大自然呢？

讨论主题：如何领略家乡的美好？

绘本：《荷花镇的早市》

作者：周翔　文/图

出版单位：二十一世纪出版社

出版时间：2006 年

内容简介

故事以主人公阳阳回到家乡荷花镇给奶奶过 70 岁生日为背景展开。阳阳乘船来到了家乡，隔日一早就和姑姑到早市买东西，并对江南水乡独特的人文风情兴奋不已。

在早市上，阳阳看到了许多他在都市生活中从未见过的新鲜事物和乡俗风情。这里有自酿的米酒、逃跑的小猪、热闹的市集、毛茸茸的小鸡、接新娘的花轿、露天的大戏等。随着阳阳的视野，江南水乡的诗意缓缓流淌于绘本之中。这里的河湖交错，水网纵横，小桥流水、古镇人家、田园村舍，如诗如画。这里的人们细腻婉约、勤劳朴实、热爱生活。

本书通过精美的插图和简短的文字，让读者仿佛置身于荷花镇——一个美丽而宁静的水乡，并感受到了那份回忆里的美好。

活动目标

江南的水乡风情独具特色，清澈的河流、古朴的石桥、青石板路和白墙黑瓦的民居，这些元素共同绘制了一幅如诗如画的美景，让人仿佛置身于一幅中国画中。本书以阳阳的视角，生动地描绘了水乡的诗意景色和温暖的人情。通过共读和交流，我们可以更好地感受家乡那份独特的风情和质朴的诗意，共同寻找心目中家乡的味道。在喧嚣的城市生活中，孩子们或许还需要一份故乡田园生活的宁静与诗意。

问题设计

1. 故事话题导入

你的家乡在哪里？和书中描述的人或景物有相似的地方吗？

2. 体会感受型问题

（1）阳阳乘船刚回到荷花镇，看到了家乡的景色，他当时是什么样的心情？

（2）阳阳在家乡看到了接新娘的花轿、露天的大戏等民俗民风，他又是什么样的心情？

3. 换位思考型问题

如果你是阳阳，在家乡看到这么多新鲜事物，你会是什么样的心情？

4. 关怀性思考型问题

（1）你的家乡近年来有什么变化吗？

（2）你认为什么最能代表你家乡的味道？为什么？

（3）你喜欢目前居住的地方还是你的家乡？为什么？

5. 生活经验型问题

你对家乡最深刻的记忆是什么？有好吃的或好玩的推荐吗？

讨论主题：如何关爱濒危动物？

绘本：《请让我留在火车上吧！》

作者：[英] 约翰·伯宁罕 文/图，赵静 译

出版单位：连环画出版社

出版时间：2012 年

内容简介

夜幕降临时，母亲催促着仍在摆弄玩具火车的男孩上床休息，还提醒他明天要早起上学。男孩只好抱着他心爱的布袋小狗，渐渐进入梦乡。

在梦中，男孩和布袋小狗一同乘坐火车旅行。忽然间，一只大象

出现在火车上，他恳求能够留下来，因为他害怕人类会取走他所有的牙齿。男孩和他的布袋小狗同意了这个请求，于是火车继续向前行驶。随后，一只海豹也上了火车，因为人类捕光了所有的鱼类，导致他无法找到食物，并且也遭受了严重的水污染，他无法继续生存下去。海豹想要留下来的请求也被接受了。火车再次启程，接着又有一只丹顶鹤上了火车，人类已经抽干了湿地的水，让丹顶鹤失去了原本的家园。无处可去的丹顶鹤也被同意留了下来。火车再次启程，在接下来的旅程中，他们又遇到了老虎和北极熊，他们也想上火车，因为人类破坏了他们的生存环境，还在猎杀他们……

在完成一连串的救援任务后，男孩从梦境中醒来，惊喜地发现梦中的动物们如今化作迷你玩具，散落在家中的各个角落。这些小玩具难道都是来找男孩的吗？

活动目标

绘本《请让我留在火车上吧！》以玩具火车和梦境为背景，讲述了一个小男孩在梦中将一只只受到威胁的濒危动物留在了火车上的故事。醒来后，男孩惊喜地发现被留在火车上的动物们竟然变成了玩具出现在了他家里。梦境与现实在此交汇，表明动物们的请求仍然存在。通过对比动物们的生活环境和人类的行为，引发孩子们讨论该如何关爱濒危动物，激发孩子们思考如何保护动物们受到破坏的家园和处于危机中的生命。

问题设计

1. 故事话题导入

（1）故事中的小男孩是怎样的一个人？

（2）动物们为什么都会去找他呢？

2. 体会感受型问题

（1）这些动物为什么要请求男孩让自己能留在火车上？

（2）男孩发现梦中的动物变成玩具出现在自己家中后，他是什么样的心情？

3. 换位思考型问题

（1）如果你是小男孩，遇到动物们要上火车的请求，你会怎么做？

（2）如果你是一只被允许留在火车上的动物，你会有怎样的感受？

4. 关怀性思考型问题

（1）小男孩的梦还会继续吗？你觉得火车会开往哪里呢？

（2）故事中的火车只是一列普通的火车吗？火车对动物们有怎样的影响呢？

（3）动物们除了留在火车上，你还能想到哪些方法可以帮助到它们呢？

5. 生活经验型问题

（1）绘本中出现的动物，你都见过吗？在哪里见到过它们呢？

（2）你觉得还有哪些动物也遇到了生存危机？如果你可以为某种濒危动物做一件事，你会做什么？

讨论主题：如何看待身边的自然？

绘本：《树真好》

作者：［美］贾尼思·梅·伍德里　文，［美］马可·塞蒙
　　　图，舒杭丽　译

出版单位：二十一世纪出版社

出版时间：2009 年

内容简介

树长在河边，长在山谷，长在高高的山顶上。很多很多树在一起，就叫作大森林。树让一切都变得美好。

如果你只有一棵树，那也很好。夏天，可以听到风吹树叶沙沙响。秋天，可以在落叶中玩耍。我们还可以在树上静静地思考、开心地嬉笑。猫儿可以蹿到树上躲开追它的狗，小鸟可以在树上做巢，奶牛可以卧在树荫下躲避热浪。房子旁边要是有棵树，可以让屋里舒服又凉爽，还能挡住狂风保护你的家。

自己动手来种棵树吧，一天又一天，一年又一年，眼看着小树越长越高。你骄傲地告诉每一个人："那是我种的树。"

活动目标

无论是在乡村还是城市，树木都随处可见，它们给孩子们的生活环境增添了一抹美好的色彩，但这些在身边的自然元素却往往容易被忽视。绘本用优美的诗句和温馨美好的画面，将人们生活中与树木发生的趣事娓娓道来。通过共读绘本，让孩子们讨论身边的自然，在日常生活中感受自然的滋养，引发他们爱好大自然的心。

问题设计

1. 故事话题导入

树的种类有很多，你观察过身边的树木吗？都有哪些种类？

2. 体会感受型问题

（1）你喜欢树吗？为什么？

（2）看着自己种的小树越长越高，你会是什么心情？

3. 换位思考型问题

（1）如果你有一棵树，你会想做点什么？

（2）如果你是一棵树，会更喜欢在森林还是在城市？

4. 关怀性思考型问题

（1）你觉得"自然"是什么？

（2）你认为多种树会给我们的生活带来什么改变？

5. 生活经验型问题

（1）如果请你来种一棵树，你会种什么树？为什么想要种这种树？

（2）除了树木，你的身边还有哪些植物或动物？你觉得它们和野外的生物有什么不同？

第四章 "小鸡 Book"爱·智慧 绘本故事会案例精选

第一节 品格养育

生活中小朋友们偶尔也会遇到各种各样害怕的人或事，害怕怪兽、害怕噩梦、害怕黑暗、害怕打针……害怕了怎么办？如何缓解害怕？我们以绘本《鳄鱼怕怕 牙医怕怕》为导引，更加直观地认识"害怕"这种情绪，进一步讨论面对"害怕"提升胆量的方法。一起看看小朋友们是怎么说的吧！

活动开始，萌妈先请小朋友们做自我介绍，一起做热身小游戏，

并为小朋友们带来了第一个故事《小鳄鱼的糖果牙齿》。接着，萌妈和小多姐姐一起为小朋友们讲《鳄鱼怕怕 牙医怕怕》的故事。萌妈扮演医生，小多姐姐扮演小鳄鱼。虽然故事很简单，但小朋友们都非常喜欢，笑得前仰后合。

与孩子的对话

【"小鳄鱼为什么怕牙医？"】

自身原因

因为小鳄鱼不乖。——萌萌（5岁）

小鳄鱼怕痛，不敢看牙医。——可可（5岁）、安安（6岁）

因为是小鳄鱼第一次拔牙。——希希（6岁）

拔牙很痛，嘴巴会流血。——然然（6岁）

外部原因

牙医会把手伸进嘴里，很不舒服，所以小鳄鱼不想看到他。——元元（6岁）

拔牙会用到很多工具，会把牙齿弄断。——天天（女，6岁）

综合原因

不喜欢刷牙，所以怕医生说他。——嵩嵩（5岁）

鳄鱼嘴巴里很脏，怕医生责备。——天天（男，5岁）

【"牙医为什么怕鳄鱼呢？"】

鳄鱼会咬人。——可可（5岁）

鳄鱼本来是在水里的，他上岸以后就要吃人。——萌萌（5岁）

鳄鱼的牙齿太尖了。——孝孝（6岁）

拔牙的时候，鳄鱼疼起来，控制不住自己的嘴巴，就会咬到人。——然然（6岁）

【"看过医生的小朋友，你觉得医生怕你吗？为什么？"】

不怕，因为我是人类。——煜煜（4岁）、安安（6岁）

不怕，因为我把眼睛闭上了，不会咬人。——元元（6岁）

不怕，因为给我打针的时候，医生没有发抖。——彤彤（6岁）

【"你们最怕什么？"】

动物

我怕蛇。——彤彤（6岁）

我发起脾气来就像蛇一样哦。——孝孝（6岁）

怕老虎。——萌萌（5岁）

怕龙。——安安（6岁）

怕苍蝇。——天天（男，5岁）

怕狮子。——天天（女，6岁）

怕狼。——嵩嵩（5岁）

其他

怕医院。——希希（6岁）

怕剪刀。——可可（5岁）

什么也不怕

我什么也不怕。——元元（6岁）、然然（6岁）、煜煜（4岁）

【"怕剪刀很特别呢，小朋友有什么办法可以不怕剪刀呢？"】

用儿童专用的剪刀，带圆角的。——希希（6岁）

弄伤了可以去医院，不用害怕。——嵩嵩（5岁）

不要用剪刀呗。——安安（6岁）

可以把剪刀藏起来，大家都不用了，也不会伤到你了。——元元
（6岁）

【"有什么办法不怕医院？"】

多去几次就不怕

经常去医院练习。——然然（6 岁）

医院有什么好怕的？如果怕医院，可以让爸爸妈妈在家里扮医生，自己当病人，做几次游戏就不怕了。——元元（6 岁）

活动花絮

故事中的鳄鱼害怕看牙医，而牙医也害怕鳄鱼，但是因为他们能积极地去面对自己害怕的事，从而在心理上也完成了从"害怕看牙医"到"知道要认真刷牙"的成长蜕变。活动最后，每个小朋友都制作了可爱的"鳄鱼的牙齿"小手工。然后，萌妈带着孩子们一起玩了小鳄鱼拔牙和补牙的游戏。通过游戏互动，不仅让孩子们意识到了保护牙齿的重要性，更是提升了他们"面对害怕"的勇气。

讨论主题：勇气是什么？

绘本：《勇气》

故事馆员：月亮叔叔

　　当遇到困难或害怕的时候，我们常常会对孩子讲，要有勇气。那勇气是什么？孩子们理解的勇气会是什么呢？我们通过与孩子们共读《勇气》并与之交流，记录下了孩子们对于"勇气"的认识与思考。

　　活动中，月亮叔叔把孩子们带进了绘本《勇气》的世界。书中结合了许多生活场景，向孩子们展示了各种各样的勇气。而在"可怕盒子"游戏环节中，孩子们在面对装着可怕东西的"可怕盒子"和装着可爱东西的"可爱盒子"时，大家感觉盒子里有巫婆、妖怪、猴精、孙悟空等。可后来大家都很勇敢，甚至大部分人都想摸摸"可怕盒子"，充满勇气地伸手尝试后，才发现并没有什么可怕的东西。随后，月亮叔叔又带孩子们认识了《勇敢的小火车》中的小火车卡尔，见识到了小卡尔的"勇气"。最后围绕"勇气是什么"，月亮叔叔与孩子们一起展开了讨论。

与孩子的对话

【勇气是什么？】

身上带有的能量。——奕成（6岁）

【什么时候会需要勇气？】

打针的时候需要勇气。——丫丫（6岁）

爸爸起床的时候需要勇气。——一一（5岁）

挂盐水的时候。——奕成（6岁）

小事不需要勇气。——迪迪（5岁）

需要自我牺牲的时候。——愿愿（6岁）

【你会如何鼓起勇气？】

想勇敢的事情。——丫丫（6岁）

想想书中的故事。——愿愿（6岁）

会想看电视，还会想想用坦克把害怕与困难打飞。——奕成（6岁）

会想起勇敢的小火车。——奕左（7岁）

【听完故事，你会去尝试做曾经不敢做的事吗？】

爬很高的"勇敢者之路"。——愿愿（6岁）

回去后会尝试吃鸡蛋黄。——一一（5岁）

活动花絮

一一小朋友在听故事的时候因为想爸爸哭了，大家给一一小朋友"爱的抱抱"，让她鼓起勇气，后来她在没有爸爸的陪伴下把故事听完了，还参与了不少讨论呢！也许，小朋友们还不能很准确地理解勇气是什么。他们会对未知的东西感到恐惧，但往往充满勇气，克服恐惧，尝试过后就可能会收获愉悦，发现新的天地。也许正如《勇敢的小火车》书中所说，勇气是带着害怕前行。那么你认为勇气到底是什么呢？请爸爸妈妈陪小朋友读读《勇气》这本书，和孩子一起交流思考吧。

讨论主题：珍惜是什么？

绘本：《獾的美餐》

故事馆员：晓儿姐姐

珍惜是宝贵的品格和习惯，懂得珍惜，生活才会更加美好和有爱。什么是珍惜？应该珍惜什么？怎样去珍惜？这些是在成长的过程中需要不断学习和体会的。我们以绘本故事《獾的美餐》为导引，一同与孩子们探讨了"珍惜"的话题，并将孩子们对于珍惜的理解一一记录下来，一起来看看他们是怎么说的吧！

活动中晓儿姐姐为孩子们讲了一个獾的故事。獾的洞里已经有很多食物了，苹果、萝卜、土豆……但他吃腻了，并不开心，还想去寻找新的、不同的美餐。但最后，獾并没有找到新的美味，洞里的食物也因为他的外出丢失了。獾的故事引发了孩子们对"珍惜"的思考：在追求新事物的同时，也有失败及失去的风险。这些，都需要孩子们自己学会去权衡。随后，晓儿姐姐与孩子们一起探讨了珍惜是什么，倾听孩子们心目中需要珍惜的人、事、物。最后，孩子们亲手制作了相框，保留他们珍惜的瞬间。

与孩子的对话

【獾有没有吃到新的美食呢？】

没有吃到，洞里的食物也被吃掉了。——六宝（5 岁）

【如果你是獾，你会出去觅食呢还是留在洞里？】

我出去找美食，因为外面有好吃的，家里的吃腻了。——momo（5 岁）

我要留在洞里，因为外面可能会有危险的动物。——六宝（5 岁）

我要留在洞里，出去觅食连自己家里的都没有吃到。——真真

（6岁）

那也可以出去呀，出去找一些菜吃，或者把家里的门锁好。——六宝（5岁）

【你有哪些想要珍惜的东西？】

要珍惜小动物。——欣语（6岁）

要珍惜警察，因为警察抓坏人。——六宝（5岁）

要珍惜老板，因为老板会买单。——momo（5岁）

要珍惜书，因为书可以帮助我们成长。——童童（5岁）

要珍惜地球，没有地球，人就不能生活了。——六宝（5岁）

【你们觉得珍惜是什么？】

珍惜就是有很珍贵的东西。——欣语（6岁）

珍惜就是保护好我们的东西。——momo（5岁）

活动花絮

故事会结束后，晓儿姐姐为孩子们准备了手工材料，让孩子们亲手做一个相框。在制作过程中，孩子们说要把最喜欢的照片放进去，有的是与家人的美好时光，有的是与朋友游戏时的笑脸，有的是一处美丽的风景。这些生活中一幅幅美好的画面，让孩子们的小脸洋溢着

幸福与快乐，相信完成相框的那一刻，孩子们更能体会珍惜是什么了吧!

　　时间是什么呢？时间稍纵即逝，我们怎么才能把握时间呢？如何在有限的时间内合理安排我们的生活呢？如果生活中因为没有时间概念而经常迟到，那应该怎么改变呢？我们以绘本《慌张先生》为导引，与孩子们一起探讨了"时间"这个话题，并将孩子们关于"时间"的理解一一记录下来，一起来看看孩子们是怎么说的吧。

　　活动中，小多姐姐给孩子们讲了慌张先生的故事。故事中，古怪国大树村的居民们都在忙碌着，只有慌张先生在床上睡大觉。等到大树村的居民们都忙完了，出发去看戏了，慌张先生才醒来，想起今晚

的戏他是主角。可是，慌张先生慌慌张张地上台后却发现自己的节目是明天才上演呢！孩子们对于慌张先生慌慌张张的种种行为进行了热烈的讨论，对于如何有效管理"时间"，也说出了许多好办法。

与孩子的对话

【慌张先生为什么总是这么慌张？】

他一直睡过头，很晚起床，发现自己迟到了就慌张。——沈昕（7 岁）

【你们觉得慌张先生今天迟到了，明天还会迟到吗？】

慌张先生如果还是这样没有时间概念，他还是会迟到的，不然他就不是慌张先生了。——添添（5 岁）

他不会迟到，因为今天他吃亏了，所以明天他会记住的。——真真（6 岁）

【你们都认识时钟吗？我们可以用什么方式来测量时间呢？】

认识，我知道一个小时有 60 分钟。——沈昕（7 岁）

可以用手表和时钟测量时间。——杨杨（5岁）

可以用手机看时间。——刘海（6岁）

还可以用 iPad 哦！——沈昕（7岁）

【你们生活中有没有慌慌张张的时候？】

没有，因为我今天来得早，没有迟到。——杨杨（5岁）

我有时候起晚了会慌张。——萱萱（5岁）

我游泳的地方离家很远，我怕来不及，所以我慌张。——沈昕（7岁）

每次上国画课的时候我就慌张，因为路上需要很长时间。——点点（7岁）

我今天出门晚了，是因为我吃饭吃得很慢，所以我担心自己会迟到，就很慌张。——晓谕（5岁）

【如何能让自己不慌张？】

做好玩的事可以让自己不慌张。——晓谕（5岁）

起早一点，时间充足就不慌张。——刘海（6岁）

我第一个来故事会，这样就不会慌张了。——真真（6岁）

提前做好准备可以让自己不慌张。——添添（5岁）

我让妈妈帮我调好闹钟，这样我肯定不会迟到，也不会慌张。——杨杨（5岁）

活动花絮

活动中，小多姐姐拿出了四个大小不一的沙漏，让孩子们猜猜哪个沙漏沙子流完的时间最短，大部分孩子都觉得是形状最小的那个用时会最短，也有几个孩子有不同的意见，所以小多姐姐就在现场做了小实验。结果并不是最小的沙漏用时最短，而是沙子最少的沙漏用时

最短，孩子们也真切地感受到了"时间的流逝"。活动最后，小多姐姐和孩子们一起制作了属于自己的独一无二的"小闹钟"。对于孩子们来说，如何管理好时间也许只需要一个小道具，看着最终完成的"小闹钟"滴滴答答一圈又一圈地转动着。希望孩子们能记住这一刻成功的喜悦，体会到时间的宝贵，珍惜成长时光中更多美好的点点滴滴！

第二节　心灵疗愈

> **讨论主题：意外是什么？**
>
> 绘本：《子儿，吐吐》
>
> 故事馆员：彩虹妈妈

　　生活中有许许多多的意外，我们总会发现，很多事都无法做到和计划一模一样，其间会时常出现一些意外的情况，这些意外是我们无法预料的，甚至是不可避免的。我们以绘本《子儿，吐吐》为导引，与孩子们探讨了"意外"的话题。意外是什么？遇到意外是否总是一件糟糕的事？我们该如何面对生活中的意外呢？一起来看看孩子们是怎么说的吧!

　　活动中,馆员彩虹妈妈给孩子们讲了小猪"胖脸儿"的故事。小猪"胖脸儿"在吃木瓜时,因为吃得太快居然把子儿也吞到了肚子里。大家一致认为吞了子儿,头顶上就会长出树!"胖脸儿"听了大家的议论脸都发白了,他想象着被同学们嘲笑头上长树的样子,想象着小鸟在树上停靠的样子,想象着将树上的木瓜分给同学吃的样子……想到木瓜树的好处,"胖脸儿"甚至期盼着头上长出木瓜树来。最后,"胖脸儿"头上并没有长出木瓜树,一阵小小的失落之后他又欣然接受了这个"意外":"也好,万一长出来的木瓜不好吃怎么办?"可爱的"胖脸儿"遇到"意外"的种种表现,引发了孩子们的热烈讨论。

　　与孩子的对话

　　【"胖脸儿"刚发现把木瓜子儿吃到肚子里时,他是什么样的心情?】

　　发现之后就不开心。——彬彬(6岁)

　　刚开始"胖脸儿"没意识到,听到别人议论的时候他就开始着急

了。——心琦（5岁）

【"胖脸儿"后来接受了子儿在肚子里的事实，有什么表现？】

变得很开心了。——彬彬（6岁）

还是稍微有点不开心，但是比一开始好多了。——Tony（7岁）

他已经消气了。——夏忆（5岁）

不生气了，因为在他想象的画面中，头上长出来的树吸引了别的小朋友一起来吃木瓜，大家都很开心。——心琦（5岁）

【"胖脸儿"最后头上没能长出木瓜树，又是什么样的心情？】

很不开心。——夏忆（5岁）

没有很不开心，只是有一点不开心。——Tony（7岁）

"胖脸儿"有点想哭，但是没哭。——彬彬（6岁）

对，他忍住了，虽然跟他想的不一样，但是子儿在马桶里，被冲走了。——心琦（5岁）

【所有的水果子儿都能吃到肚子里吗？】

不是的。——玥玥（5岁）

有些可以吃，有些不可以吃。——夏忆（5岁）

头上长树是不可能发生的，因为嘴里没土。——小火车（5岁）

子儿会被消化。——心琦（5岁）

【"胖脸儿"怎么会把子儿吃下去呢？】

吃太快了，没注意。——小火车（5岁）

因为发生了意外。——Tony（7岁）

【意外是什么？】

意外就是不小心。——彬彬（6岁）

意外就是有可能会发生的事。——心琦（5岁）

问爸爸就知道了。——小火车（5岁）

【你遇到过哪些意外？】

不小心打翻了我的小火车。——安安（5岁）

有一次回老家，在晚上换衣服的时候，妈妈拿出了裙子，我以为会是裤子。——心琦（5岁）

有一次我过生日，在我上绘画课的时候，爸爸妈妈偷偷去买了生日蛋糕。——夏忆（5岁）

我的朋友"包子"送了我一套超大的乐高玩具。——小火车（5岁）

我在小房间里发现了乐高的书，是爸爸偷偷放的。——MoMo（5岁）

【生活中发生了一些不好的小意外，你会怎么办？】

自己冷静一下，看看电影什么的。——小火车（5岁）

找自己最喜欢的玩具玩，我最喜欢"大黄蜂"。——Elsa（6岁）

去跟爸爸妈妈玩。——Fredy（6岁）

像"胖脸儿"一样，想象着头上的树长出木瓜之后还能分给同学

吃，想办法让自己开心起来。——心琦（5岁）

　　在与孩子们对话的过程中，当馆员彩虹妈妈请孩子们分享自己遇到的意外时，他们分享的大多是"意外的惊喜"。比起令人不快的小意外，他们更愿意分享开心的事情，孩子们对那些"糟糕"小意外的接纳度比我们想象的要高得多。他们没有那么多规避未知恐惧的"计划"，甚至在一次次"意外"中学习和积累经验。遇到意外总是一件坏事吗？换个角度去看，那些意外也许就是我们新的收获。最后，馆员彩虹妈妈和孩子们一起设计制作了"让人意外的发型"，彩虹头、爆炸头、鸟巢头……嘿！虽然头发是遭了殃，却都"意外"得好看！

> **讨论主题：幸运是什么？**
> 绘本：《幸运的内德》《幸运先生和不幸女士》
> 故事馆员：宝妈

　　幸运是什么呢？幸运是从天而降的惊喜，还是自己经过努力后达到的幸福呢？如果生活中的我们遇到了些倒霉的事情，我们该怎么办呢？我们以绘本《幸运的内德》为导引，一同与孩子们探讨了关于"幸运"的话题，并将孩子们关于幸运的理解一一记录下来。一起来看看小朋友们是怎么说的吧。

　　活动中，宝妈给孩子们讲了小男孩内德的故事。故事中的内德被邀请参加一个惊喜派对，在去参加派对的路上，内德经历了一场神奇的旅行。这是一场幸运与倒霉频频交错的故事，听故事的过程中，不时传出孩子们的笑声。那么内德为什么是幸运的呢？他的幸运和倒霉其实每次只差一点点，幸运和倒霉也不是完全绝对的，以为是倒霉的事情却变成了幸运的事情。在讨论中，孩子们认识到成长的道路上难

免会遇到一些不顺利的事情，用自己的力量去战胜困难，可以让倒霉也变成一件幸运的事情。最后，在《幸运先生和不幸女士》的绘本中，幸运先生用自己的行动让不幸女士也感受到了幸福，孩子们也用自己的语言分享了生活中的幸运。

与孩子的对话

【你们觉得这个故事怎么样？】

我觉得好搞笑哦。——逸逸（7岁）

在这个故事中，倒霉、幸运、倒霉、幸运，循环一圈又一圈。——琪琪（7岁）

小孩有时候幸运，有时候不幸运。——若谷（5岁）

这个故事离不开幸运。——一一（7岁）

【内德是幸运还是不幸？】

幸运，因为他最后挖到了举办派对的地方。——一一（7岁）

他本来就参加派对，很开心。——逸逸（7岁）

一开始，内德觉得很倒霉，但是，因为是他的生日，所以他还是开心的。——琪琪（7岁）

他差点碰到了干草堆上的叉子，但是绕过了，他很幸运。——玥玥（5岁）

在他生日那天，发生了有趣的事情，他在幸运与不幸中成长了。——若谷（5岁）

很多人为他庆祝，不是他一个人。所以，他幸运，他差一点被鲨鱼吃掉，幸运和不幸只差一点点。——一一（7岁）

【为什么内德是幸运的？】

内德用自己的努力，让不幸变成了幸运。——琪琪（7岁）

内德用自己的力量和体力战胜了困难。——一一（7岁）

【如果我们遇到了不幸运，该怎么办呢？】

去超市买警报器，避免遇到不幸。——一一（7岁）

发信号弹，寻求帮助。——辰辰（7岁）

在那个地方反省反省。——若谷（5岁）

有危险的时候不能想，会被动物吃掉的。——一一（7岁）

如果遇到不幸运，我们就走得更远一点，寻找幸运。——琪琪（7岁）

【幸运先生为什么幸运，不幸女士为什么不幸运？】

不幸女士因为她偷懒，即使有钱，她也不去买东西。——一一（7岁）

不幸女士自己觉得自己不幸运。——若谷（5岁）

幸运先生有爱心，他还拿了三叶草，送给不幸女士。——若谷（5岁）

不幸女士不喜欢笑，幸运先生喜欢笑。——逸逸（7岁）

【分享一下生活中幸运的事情。】

我帮妈妈选到了漂亮的衣服，很幸运。——琪琪（7岁）

妈妈给我买了小相机。——若谷（5岁）

妈妈觉得我乖，给我买了冰激凌。——一一（7岁）

活动花絮

活动最后，宝妈给小朋友们每人准备了一个幸运蛋，小朋友们写下一些励志的语言，放在幸运蛋中。当以后生活里遇到不开心、不幸运的时候，砸开幸运蛋，看看这些话，生活或许没有那么不幸。幸运和不幸只差一点点，用自己的努力也可以将不幸变成幸运。

讨论主题：紧张是什么？

绘本：《最可怕的一天》

故事馆员：萌妈

情绪是人与生俱来的心理反应，无论成年人还是儿童，不可能总是快乐无忧，帮助孩子认识情绪、表达情绪、管理情绪至关重要。我们以绘本故事《最可怕的一天》为导引，与孩子们探讨了"紧张"的话题。紧张是一种什么感觉？紧张一定是件不好的事情吗？怎样应对紧张的情绪呢？一起来看看孩子们的答案吧！

活动开始，萌妈先让孩子们合作玩了"抓老鼠"口头接龙的游戏，通过快速计算和反应来调动孩子们"紧张"的情绪，由此引入绘本故事《最可怕的一天》。故事中的玲玲轮到要在第二天做全班公开发言，交流未来的理想，这简直比天崩地裂、火山爆发、海啸来袭、外星人和怪兽攻陷地球还要可怕！玲玲紧张得忐忑不安，直到晚上还心慌慌难以入眠。果然，第二天玲玲因为紧张，没能做一个完美的发言，但是这一切并没有影响到她对理想的坚守。她用后来的努力证明了自己，成为一名建筑设计师，完成了当初的梦想！回头再一看，紧张不安、磕磕巴巴的发言，甚至差点儿弄掉了鞋子，这些又算什么呢！

与孩子的对话

【玲玲觉得上台发言是天大的事，如果你是玲玲，你会觉得这是天大的事吗？如果不是，那么你觉得什么才是"天大的事"呢？】

上台发言我会有一点儿紧张，但这不是天大的事。危及生命的事才是天大的事。——优优（7岁）

火山爆发是天大的事。——小火车（5岁）

把我一个人留在家里。——小苹果（5岁）

自己一个人在外面是天大的事。——香瓜（6岁）

我觉得从有生命变成没有生命是天大的事。——小羊羔（5岁）

【玲玲紧张的时候都有些什么感觉？】

表现得不高兴。——小苹果（5岁）

和发烧一样，热热的，头脑一片空白。——希希（7岁）

【我们自己紧张时有什么感觉和表现呢？】

心脏怦怦跳，浑身发抖。——小苹果（5岁）

我会抱在妈妈怀里。——小羊羔（5岁）

我会哭出来，一个人待在小房间里，让自己静一静。——优优（7岁）

【小时候的玲玲，上台发言那天是她"最糟的一天"，而长大后的玲玲，上台发言那天却成了她"最美好的一天"，你们觉得这是为什么呢？】

因为她长大了，而且大家都给了她微笑。——小苹果（5岁）

因为大家都给她送花，也不嘲笑她了。——小羊羔（5岁）

因为她建的房子超漂亮。——优优（7岁）

【玲玲小时候想当建筑师，她长大以后也确实成为著名的建筑师，你们长大后的梦想是什么呀？】

我想当科学家，因为我喜欢动物，我想去了解动物。——小羊羔

（5岁）

我想成为一名小学老师，因为我的妈妈就是一名小学老师。——小苹果（5岁）

我想成为一名探险家，去探索未知的动物世界。——优优（7岁）

想要造火箭，飞向外太空，去各个星球探险。——希希（7岁）

我想成为一名研究水的科学家，研究水为什么会变色。——小火车（5岁）

想和爸爸一样，成为一名画家。——玖玖（5岁）

我想成为一名幼儿园老师，因为妈妈就是。——玥玥（5岁）

我的梦想和玲玲一样，想成为一名建筑师。——香瓜（6岁）

【"紧张"的报告好像并没有影响玲玲后来的成功。那我们怎么做，才能离自己的梦想越来越近呢？】

要做与梦想相关的事情，不能偷懒。——小羊羔（5岁）

要好好学习。——小苹果（5岁）

我会去一些自己没有去过的地方，比如去陌生的小森林，来习惯一下探险的感觉。——优优（7岁）

先在家制作太空剪纸。——希希（7岁）

我现在已经在做一些研究水的实验了。——小火车（5岁）

开始在家学习画画。——玖玖（5岁）

活动花絮

在讨论结束后，萌妈借助情绪色彩板，让孩子们来认识日常生活中会碰到的几大情绪，并让孩子们分类给表情配上自己觉得合适的颜色，一起讨论颜色与情绪的关系。最后，萌妈把孩子们配上的"情绪颜色"组合成了一条绚丽的彩虹！"情绪颜色"在孩子们制作环保布

袋环节也得到了体现，那线条的自由变幻和色块的设计涂鸦，或许正是孩子们快乐自由地探索自己、认识世界的开端。衷心地希望孩子们都能健康地认知情绪、接纳情绪、表达情绪，保持积极的心态来感受这个美好的世界。

第三节　生命意义

讨论主题：梦是什么？

绘本：《梦的守护者》

故事馆员：阿彦姐姐

　　在生活中，我们常常会发现被守护的时刻，甚至生活中的方方面面都离不开他人的守护。因为有人守护我们，我们才能拥有安静的美梦。我们以绘本《梦的守护者》为导引，与孩子们探讨身边有谁在守护着我们，并换位思考如何去做一名梦的守护者。让我们一起来看看

孩子们是怎么说的吧!

本次活动首先由阿彦姐姐为小朋友带来了绘本故事《梦的守护者》。故事里有一位梦的守护者,他陪伴无法入睡的人们,帮助他们进入梦乡。接着,是阿彦姐姐与小朋友们的互动环节,小朋友艾米提出了一个问题:"是谁创造了梦?"大家围绕梦的话题展开了热烈的讨论。最后,小朋友们用画笔画出了属于他们的梦和愿望,一起来看看吧。

与孩子的对话

【你都做过什么梦?】

我做了一个很好吃的梦。有一天我和妈妈去买了鸡腿吃,我很喜欢吃鸡腿。——恒恒(6岁)

我梦到自己和妈妈还有姥姥出去买菜,但是我走丢了,还遇到了爸爸,爸爸把我送回了家,我觉得很搞笑。——跳跳(6岁)

我梦到和汪汪队一起在游乐场玩，在教室躲猫猫，我抱着几只狗躲在桌底下，老师找不到我们……我觉得应该是我汪汪队的电视看得太多了，所以就很想梦到他们。——愿愿（5岁）

我的梦就是一片漆黑。我想我应该没有做梦，我睡得很好。——彤彤（6岁）

【你觉得谁是你的"梦的守护者"？为什么？】

我的守护者是爸爸妈妈，还有月亮。——希希（6岁）

我觉得是奥特曼，因为我喜欢他。——恒恒（6岁）

我的梦也是奥特曼守护的，我喜欢看奥特曼的动画片，我也愿意做奥特曼的"梦的守护者"。——跳跳（6岁）

我的守护者是变形金刚，因为他很厉害。——乐乐（6岁）

我的"梦的守护者"是我爸爸，因为他每天晚上都会陪我睡觉。——元元（6岁）

我的守护者是我自己，因为不用别人帮助我就睡着了。——许许（6岁）

【我有一个问题：是谁创造梦的？】——艾米（8岁）

我觉得是梦仙女创造了梦。——愿愿（5岁）

老师说做梦是因为白天你想什么事情想多了，晚上你就会梦到什么。但我觉得会有一些小东西，在晚上给你创造了梦。——艾米（8岁）

死神控制我们死或不死，梦神控制我们梦或不梦。——跳跳（6岁）

【你还知道谁的梦和愿望吗？你是怎么帮他们实现的？】

我不知道爸爸妈妈的梦，但是爸爸生日的时候我给他亲手做了一个菠萝的手工作品，爸爸很喜欢。——跳跳（6岁）

我也给爸爸准备过一份好吃的晚餐。——恒恒（6 岁）

上次爷爷生日，虽然我不知道爷爷的愿望是什么，但我给他画了一幅画，还自己折了青蛙送给他，他很开心。——许许（6 岁）

我不知道他们的愿望，知道愿望就没有惊喜了。——欣欣（6 岁）

我知道爸爸的梦，爸爸希望我和妈妈快乐，让我们全家都快乐。——愿愿（5 岁）

活动花絮

在与孩子们对话的过程中，孩子们的关注点开始都在有趣的梦上面，纷纷和大家分享自己都做过哪些梦。在馆员的引导下，孩子们知道梦也可以理解为愿望，并开始思考自己的"梦的守护者"是谁。在孩子们心目中，"梦的守护者"多为爸爸妈妈或者自己崇拜的英雄，虽然他们不知道自己的爸爸妈妈有什么梦和愿望，但也都能讲出自己为身边的人做过哪些事情。在未来的生活中，也许他们会去关注自己想守护的人的梦和愿望，学会守护他人。

讨论主题：长大是什么？

绘本：《企鹅蛋哥哥》《鸵鸟蛋哥哥》

故事馆员：晓儿姐姐

　　孩子在成长的过程中，有时会出现"倒退期"，已经学会了自立的孩子突然变成了依赖型的小宝宝……孩子为什么会越养越小？如何看待这种现象？当孩子的行为发生倒退时，又该如何做呢？"成长"是孩子们自己探寻解决一个又一个问题的过程，在这个过程中需要大人们更多的关爱和陪伴，用爱给予孩子力量，使他们变得从容、自信与强大。让我们走进孩子的内心，去看看他们面对"长大"有些什么小困惑与小期许吧！

　　活动中，晓儿姐姐给孩子们介绍了一颗逃避长大、不愿意长大的蛋，在经历了蛋壳由裂痕到破碎的心路历程，意外地发现成长美好的一面。成长，对于每个孩子来说并不是理所当然、一帆风顺的。当未知的新事物闯入熟悉的生活，缺乏经验和解决方案的孩子会产生一种天然的畏惧感。借助故事，晓儿姐姐让孩子们说出了不想长大的理由，让他们畅所欲言，抒发自己内心对成长的焦虑和期许。之后，晓儿姐姐又给孩子们分享了另一个故事《鸵鸟蛋哥哥》，自信的鸵鸟蛋哥哥激发了孩子们积极面对成长的勇气。最后，晓儿姐姐带着孩子们将这份面对未来的勇气和期待融入了一个个精美的手工制作中。

与孩子的对话

【长大是什么样的呢？】

长大可以做许多事情，做很多有趣的职业。——雨辰（5岁）

长大就是长高，要多吃青菜，身体长好了就能去航天了。——中哲（7岁）

长大了力量就会比小时候更强一些。——亦樊（7岁）

长大有时也会害怕，会失去一些东西，失去一些朋友。——中哲（7岁）

长大是人类必须要经历生老病死的过程。——李桢（7岁）

长大就可以去做一些危险的工作，"用生命守护未来"。——陈亦楚（7岁）

【不想长大的理由是什么？】

长得太快的话膝关节会痛。——李桢（7岁）

长大了要离开妈妈去很远的地方读书，离开幼儿园里的朋友和老师。——李桢（7岁）

长大以后会比小的时候面对更多困难。——陈亦楚（7岁）

长大当了爸爸就要保护自己的孩子，还要用很多时间陪他，有点麻烦。——中哲（7岁）

长大了身体会越来越弱，会面临生病和死亡。——陈亦楚（7岁）

长大了就会慢慢变老，脑袋也会变老，记不清东西。——中哲（7岁）

【你想长大吗？想要长大的理由是什么？】

我想长大，长大可以做一些小朋友不能做的事情。——佳佳（6岁）

想啊，长大了能拿到放在书架上最高的书。——施奕左（7岁）

想的，长大了就能上小学，如果表现好老师会给我发奖状。——李桢（7岁）

我想长大，长大后我就有本领了解、研究更多的植物。——中哲（7岁）

当然想了，长大后可以去当宇航员去看太空，发现更多的星球。——陈亦楚（7岁）

【你觉得鸵鸟蛋哥哥长大了吗?】

鸵鸟蛋哥哥长大了,一直在长,长得蛋壳都裂了。——李桢(7岁)

鸵鸟蛋哥哥长大是自然发生的事情,他身体长大了更有自信了。——陈亦楚(7岁)

鸵鸟蛋哥哥长大了挺好的,他的身体长大了,心也长大了,很强大。——中哲(7岁)

活动花絮

在"说说不想长大的理由"这个环节中,孩子们特别活跃,讲述的理由非常出人意料,长大要面临这样或那样的问题,大家似乎一下子都不愿意长大了。直到分享完第二本绘本《鸵鸟蛋哥哥》,孩子们才恢复了对成长的信心,希望自己能像鸵鸟蛋哥哥那样自信健康地成长,并且对自己的成长有了期盼和祝愿。这一点在孩子们的手工制作中也得到了体现,每一份蛋壳上的装饰都有不同的意义:蛋壳上的小

花是开开心心地长大，小草是不怕困难勇敢坚强地长大，小图案和小亮片是自信、闪亮地"成长"……

第四节　社会关系

讨论主题：规则是什么？

绘本：《图书馆狮子》

故事馆员：宝妈

万事万物都有秩序，我们的工作、学习、生活都离不开规则，有了规则，社会才可以正常、高效地运转。那么什么是规则？都有哪些规则？为什么要遵守规则？规则是永远不能打破的吗？这些都需要家长耐心的引导，让孩子们能够在遵守规则的前提下，还具有随机应变的能力。我们以绘本故事《图书馆狮子》为导引，与孩子们探讨了"规则"的话题。一起来看看他们是怎么说的吧！

活动开始是热身环节，宝妈先让孩子们做自我介绍，互相猜一猜对方的年龄。等孩子们进入互动状态后，宝妈开始了今天的故事《图书馆狮子》——图书馆有个规则，不可以大声喧哗，可是，有一只狮子却在图书馆中吼叫，不但没有受到责备，反而得到了大家的感谢，原来狮子是为了帮助受伤的人，才破坏了图书馆的规则。规则也不是一成不变的，在特殊情况下，规则也是可以改变的。借助故事，宝妈让孩子们说出了哪些规则是要遵守的，哪些情况下是可以打破规则的，引发了孩子们对"规则"的热烈讨论。

与孩子的对话

【除了不能吼叫，图书馆的规则还有哪些?】

禁止吸烟。——豆豆（5岁）

不能奔跑，不能破坏书。——健健（8岁）

不能打扰其他人。——胤胤（9岁）

【什么是规则?】

晚上睡前要刷牙。——啾啾（5岁）

晚上睡觉前要看书。——浠浠（7岁）

上课不能看除了课本以外的其他书。——凯凯（9岁）

在公共场合不能大声喧哗。——健健（8岁）

规则是不能做的事。——浠浠（7岁）

规则是要遵守的纪律。——豆豆（5岁）

【生活中还有哪些事情是要遵守规则的?】

不能乱扔垃圾，要保护环境。——胤胤（9岁）

不能打架，不能乱推人。——健健（8岁）

要遵守游戏的规则，否则不好玩了。——铭铭（9岁）

要遵守比赛的规则，不能抢跑，这样才能让比赛更公平。——小绵羊（6岁）

要遵守交通规则，避免交通事故，保证出行安全有秩序。——敏敏（7岁）

【偶尔违反一下规则可以吗？】

能，救护车在有人受伤需要抢救的时候可以闯红灯。——萌萌（7岁）

能，还有消防车、工程抢险车在做任务的时候也可以打破交通规则。——豆豆（5岁）

能，情况紧急时可以不遵守规则。——敏敏（7岁）

能，当遵守规则会让情况变得更糟糕时，可以变通一下。——胤胤（9岁）

活动花絮

活动最后，馆员宝妈和孩子们一起动手制作了狮子相框，图书馆里的这只"好心办坏事"的爱心狮子给孩子们留下了深刻的印象。狮子的遭遇，让孩子们感同身受，因为他们也是如此渴望亲近社会，却又担心违反规定。通过与孩子们的对话，我们发现对于孩子们来说，遵守规则更多地意味着"安全"，而不是束缚，在特定的情况下，有时还可以违背规则，去成就大爱。

我们希望有越来越多的小朋友能从接触图书馆开始，懂得遵守社会规则，并能在特殊时刻发挥爱和包容的智慧。对了，本书的作者米歇尔·努森也是一名图书馆员，她认为："图书馆是一个充满无限可能的神奇地方，它的大门始终敞开，欢迎所有的人光临。"我们想把这句话也送给爱探索又怀有公共精神的小朋友们，希望图书馆能成为你们最喜爱的地方！

讨论主题：关爱是什么？

绘本：《阿莫的生病日》

故事馆员：小多姐姐

关爱传递着温暖与希望，是孩子在结交朋友的过程中慢慢感受的美好。什么是关爱？为什么要关爱他人？怎样关爱他人？如何看待他人对自己的关爱？在成长的过程中，既有阳光雨露的关爱，也有风霜雪雨的相伴，这些都是人生的财富。我们以绘本故事《阿莫的生病日》为导引，与孩子们探讨了"关爱"的话题，并将孩子们对于关爱的理解一一记录下来。一起来看看他们是怎么说的吧！

活动中，小多姐姐带孩子们认识了阿莫，一位和善的动物管理员。阿莫每天都要挤出时间去探望他的朋友们，用自己的方式陪伴着他们。在阿莫生病的时候，朋友们也用同样的方式陪伴着阿莫。小多姐姐还与孩子们一起探讨了关爱是什么，倾听他们对关爱的理解。阿

莫的故事让孩子们体验到在结交朋友的过程中如何去了解他人的感受和需求。孩子在表现出对他人有兴趣时，就是他们社会化的关键时刻，结交朋友是结果，自我成长是过程，孩子在交朋友的过程中寻找自我价值，也因此更加自信。活动最后，孩子们用马赛克拼出一张张"笑脸"送给自己的好朋友，传递关爱的力量。

与孩子的对话

【阿莫的朋友为什么会去看他呢？】

阿莫感冒了。——真真（6岁）

阿莫一个人在家会感到不舒服，会想他的朋友。——希希（6岁）

阿莫对他们好，他们也要对阿莫好。——一一（7岁）

阿莫是有爱心的人。——琳琳（7岁）

【如果你生病了，谁照顾你？怎么照顾的呢？】

妈妈和爸爸会关心我，给我吃药，让我睡一会儿。——琳琳（7岁）

妈妈会打电话给我的朋友，朋友会关心我，送我鲜花和好吃的。——希希（6岁）

朋友会送我口罩，因为会传染。——真真（6岁）

我很少生病。——浩浩（6岁）

【好朋友生病了，你会怎么做？】

我最好的朋友在杭州，我们用电话联系，但他一般不会生病。——一一（7岁）

给她买手帕，万一她流鼻涕了家里没有纸怎么办？——希希（6岁）

坐公交车去看他，但我现在还不知道他家在哪儿。——真真

（6岁）

　　陪她坐着。——琳琳（7岁）

　　给她买大冰激凌，草莓味的。——希希（6岁）

【你们觉得关心是什么？】

　　关心是照顾的意思。——希希（6岁）

　　生日时奶奶给我钱买了变形金刚，关心是庆祝，是对我的好。——一一（7岁）

　　关心就是陪着我。——琳琳（7岁）

　　关心是去旅游，去我想去的地方。——一一（7岁）

活动花絮

　　故事会结束后，有位小朋友提出："为什么大象能进房子里？为什么大象能坐公交车？"在一旁的小朋友立刻回答："因为这是在故事里，这不是真的，但大象在故事里真的是阿莫的朋友。"孩子之间的

对话是以"尊重"的方式进行着的，他们非常认真且乐于回答对方提出的问题，并希望自己的答案得到肯定。这样的互动，会使孩子更加喜欢与人相处，也在这个过程中变得更加自信。当我们用心去关爱身边的人时，也许会收获更多意想不到的东西。

讨论主题：朋友是什么？

绘本：《公鸡的新邻居》

故事馆员：嘎嘎姐姐

对于孩子而言，交朋友是件令人激动的事情，那么"怎么去认识一个新朋友呢"？"如果遇见和我们很不同的人，我们可以成为好朋友吗？"我们以绘本《公鸡的新邻居》为导引，与孩子们探讨了"友情"的话题。友情是什么？一起来看看孩子们是怎么说的吧！

在活动开始之前，嘎嘎姐姐和孩子们一起做了"找朋友"的手指操，大家一边玩手指操，一边交朋友。认识了新朋友之后，开始了故

事。森林里，有两间房子。红屋顶的房子里，住着一只公鸡。蓝屋顶的房子里，搬来了一个新邻居。公鸡充满期待地想要见到这位新邻居，但是一直没有见到过这位新邻居。原来公鸡的新邻居是猫头鹰，他们因为生活习性的不同而总是错过，但是因为对友情的执着，他们最后还是成了好朋友。

与孩子的对话

【公鸡和猫头鹰为什么碰不到面？】

因为猫头鹰刚开始没有搬过来，所以没有碰面。——小羊羔（5岁）

公鸡和猫头鹰住的房间不同，窗户不一样。——小萱萱（5岁）

公鸡早上起床，晚上睡觉。猫头鹰是夜行动物，和公鸡相反，所以见不到面。——点点（6岁）

猫头鹰半夜起床，公鸡晚上睡觉。——陆离（5岁）

猫头鹰是夜行动物，他和公鸡作息时间不同。——愿愿（6岁）

【公鸡和猫头鹰一直碰不到面，为什么他们没有放弃呢？】

公鸡觉得自己玩有点无聊，想交朋友。——点点（6岁）

猫头鹰刚搬家，想知道对方是谁。——朵朵（5岁）

因为他们一心想见新朋友。——愿愿（6岁）

因为他们很想，所以他们不放弃。——大萱萱（6岁）

因为需要很努力才知道对方是谁。——小羊羔（5岁）

【公鸡和猫头鹰是如何成为朋友的？】

公鸡写了一封信。——陆离（5岁）

公鸡打扮漂亮，才让猫头鹰到他家。——小萱萱（5岁）

刚开始不认识，慢慢就认识了。——小羊羔（5岁）

他们互相写了一封信。——朵朵（5岁）

他们同一天晚上出来，就成了好朋友。——大萱萱（6岁）

【公鸡送了猫头鹰一副太阳眼镜，那猫头鹰可以送什么礼物给公鸡？】

灯笼。——大萱萱（6岁）

手电筒或者电灯，发光的就可以。——小羊羔（5岁）

住在一起，可以一起玩。——愿愿（6岁）

【你们有好朋友吗？你和好朋友一样吗？有没有不一样的地方呢？】

我的好朋友就是她，我们刚刚成为朋友。——陆离（5岁）

我们有共同点，都是一年级，都是一个班。——Mottida（7岁）

我有好朋友，我们每天放学都会见面。——大萱萱（6岁）

我和好朋友是一个幼儿园的，一起玩，很开心。——啾啾（6岁）

我的好朋友会安慰我。——小羊羔（5岁）

我有许多好朋友，我的好朋友比较内向，我比较外向，我一直想交很多好朋友。——愿愿（6岁）

【分享一个和好朋友的快乐故事。】

我和好朋友在幼儿园 3 年，本来不认识，后来认识了，成了最好的朋友。小学了，不是一个班，但是还是一个学校的，还是好朋友。——愿愿（6 岁）

我喜欢好朋友，我们一起玩，有时她听我的，她不高兴，我也不高兴，但是最后，我们都会高兴。——小羊羔（5 岁）

【什么是友情?】

友情就是好朋友。——大萱萱（6 岁）

友情就是一点点去寻找朋友，朋友会越来越多。——愿愿（6 岁）

活动花絮

活动的最后，小朋友们扮演起公鸡和猫头鹰，住进了他们的家，重温了一遍故事，重新认识了一下新朋友。小朋友们在"礼物区"挑

选了合适的礼物送给对方。公鸡们选择送花、种子、围巾给猫头鹰们，而猫头鹰们则送了手套、面包、书等不同的礼物。结交朋友是一件快乐的事情，让我们惊喜的是，小朋友们在现场真的认识了新朋友，体验到了友情带来的快乐。

图书在版编目（CIP）数据

童言无忌 : 源于儿童哲学意趣的绘本故事会 / 张毅
红主编. -- 上海 : 上海教育出版社, 2024.5
ISBN 978-7-5720-2620-1

Ⅰ.①童… Ⅱ.①张… Ⅲ.①故事课－学前教育－教
学参考资料 Ⅳ.①G613.2

中国国家版本馆CIP数据核字(2024)第106215号

策划编辑　刘美文
责任编辑　周　伟
封面设计　王纯华

童言无忌——源于儿童哲学意趣的绘本故事会
张毅红　　主编

出版发行　上海教育出版社有限公司
官　　网　www.seph.com.cn
地　　址　上海市闵行区号景路159弄C座
邮　　编　201101
印　　刷　上海昌鑫龙印务有限公司
开　　本　700×1000　1/16　印张 13.5
字　　数　160 千字
版　　次　2024年6月第1版
印　　次　2024年6月第1次印刷
书　　号　ISBN 978-7-5720-2620-1/G·2313
定　　价　68.00 元

如发现质量问题，读者可向本社调换　电话：021-64373213